인구가 줄면
정말
위험할까?

인구가 줄면 정말 위험할까?

중고생 논·서술형 주제토론 수업 ②
인구 위기

승지홍 지음

글담출판

인구 위기는 정말
어른들만의 문제일까?

얼마 전 정부에서 '인구 국가 비상사태'를 선언하고 범국가적 대응 체계를 가동하겠다고 밝혔습니다. 그만큼 인구 위기가 국가의 존망을 위협할 정도로 심각한 상황이니 강력히 대응하겠다는 정부의 의지 표명이라고 할 수 있습니다.

요즘 하루가 멀다 하고 인구 위기라는 말이 들려옵니다. 영국 옥스퍼드대학교 인구학 명예 교수인 데이비드 콜먼은 "한국이 지구상에서 사라지는 최초의 나라가 될 것"이라고 말하기도 하였지요.

솔직히 이런 이야기를 들어도 각종 수행평가와 시험, 곧 다가올

입시까지. 바로 눈앞에 닥친 일만으로도 힘든 여러분에게 인구 위기는 그다지 와닿는 문제가 아닐 것입니다. 하지만 정말 인구 위기가 어른들만의 문제일까요?

국가가 유지되기 위해 가장 필수적인 요소는 '적정 인구'입니다. 하지만 우리나라는 전 세계에서 유례를 찾기 힘들 정도로 빠르게 인구가 감소하고 있습니다. 2016년만 해도 40만 6000명이었던 출생아 수가 2023년 23만 명이 되었고, 합계 출산율은 0.65명입니다. 이는 14세기 유럽에서 수천만 명의 목숨을 앗아갔던 흑사병이 창궐했을 때보다 심각한 상황이라고 하는데요. 이상림 한국보건사회연구소 인구센터장은 "나라와 사회가 무너졌을 때 나오는 숫자"라고 합니다.

나라가 흔들린다는 것은 그 나라에 사는 국민으로서 우리의 삶도 함께 흔들리게 된다는 뜻입니다. 물론 문제의 원인을 찾고 방법을 모색하는 것은 어른들의 영역인 경우가 많습니다. 하지만 심각한 사회 문제에 대해 관심을 기울이고 알아보는 건 여러분에게도 매우 중요한 일입니다. 그래야 미리 알고 준비하며, 여러분이 살아갈 사회를 더 나은 방향으로 만들어 갈 수 있으니까요.

이 책은 여러분이 성장해 나가면서 필연적으로 마주하게 되는 '인구 위기' 문제를 5가지 관점에서 살펴보며 정치, 경제, 사회·문화 등 다양한 현상과 지식, 생각을 들여다봅니다. '인구 위기＝출산율'이란 예측 가능한 프레임에서 벗어나 인구 위기를 진로, 경제 등 10대의 삶과 밀접한 측면에서 살펴봄으로써, 사회를 바라보는 눈을 길러 주고 나만의 생각을 찾도록 돕습니다.

세상이 점점 더 복잡해지면서 과거에 비해 우리 앞에 놓인 문제 역시 어렵고 다양해졌습니다. 이러한 문제들을 해결해 나가기 위해서는 바로 토론이 필요합니다. 어떤 주제에 관하여 각자 자신의 의견을 내놓고, 개중 더 나은 의견을 찾거나 생각을 모아 새로운 방안을 모색해 나가는 것이 토론입니다. 우리는 혼자가 아니라 함께 고민할 때 더 좋은 결과를 찾을 수 있습니다.

또 사회를 해석하고 바라보는 힘은 여러분의 성적, 입시에도 직접적 영향을 미칩니다. 2028대입개편안을 통해서도 알 수 있듯이 지식이 아닌 생각이 점수가 되는 시대가 도래했습니다. 현재 가장 뜨거운 이슈인 만큼, 인구 위기는 대입 논술, 면접 등의 예상 문제로 입시전문가들이 입을 모아 꼽는 키워드이기도 합니다.

　이 책을 읽고 토론하는 과정을 통해 더 넓은 시야와 깊은 사고력을 가진 성숙한 시민으로 거듭날 수 있게 되기를 응원합니다.

차례

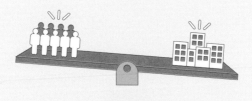

1

인구가 줄면
정말
위험할까?

인구가 줄면 위험하다

인구가 줄면 좋은 점이 많다

2020년 말 기준 우리나라 인구가 처음으로 줄어들었습니다. 코로나바이러스감염증-19(이후 코로나19) 사태가 가장 큰 이유로 꼽히지만 설마 하던 '인구 재앙'이 현실로 나타나고 있어 우려의 목소리가 높습니다. 인구 재앙은 인구가 증가하거나 감소하는 등의 변화로 인해 생기는 여러 가지 문제를 말하는데, 요즘 뉴스에서 말하는 인구 재앙은 인구 감소로 인한 것이지요.

"지금과 같은 상황이라면 한국은 지구상에서 사라지는 첫 번째 나라가 될 수 있습니다." 공포스러운 말이지요? 한국이 사라진다니요. 2006년 영국 옥스퍼드대학교 인구학 명예 교수 데이비드 콜먼이 유엔 인구 포럼에서 한 말입니다. 한국의 저출산 현상을 일찍이 언급하며 위기를 예고한 셈이죠. 현재 인구 변화 추세를 계산해 보면 한국은 2300년, 인구가 0이 됩니다. 유엔과 세계은행의 전망에 따르면 한국은 1인당 국내총생산GDP이 3만 달러(약 3,900만 원) 이상인 국가 가운데 가장 빠르게 인구가 줄고 있으며, 2100년에 한국의 인구는 현재의 절반에 못 미치는 2,410만 명이 될 것이라고 합니다.

세계적인 석학과 기관이 이렇게 한국의 인구 감소를 우려하는 이유는 무엇일까요? 인구가 줄어드는 게 그렇게 심각한 문제일까요? 앞으로 우리는 인구 감소를 막을 수 있을까요? 인구 감소를 과연 재앙으로만 봐야 할까요?

이대로 가면 우리나라가 사라질 수 있다고?

우리나라의 2023년 합계출산율은 0.72명입니다. 합계출산율은 여성 한 명이 평생 낳을 것으로 예상되는 평균 출생아 수를 의미하는데요. 특히 2023년 4분기 합계출산율이 0.65명으로 떨어지면서 2023년 출생아 수는 23만 명으로 전년보다 7.7% 줄어들었습니다. 이는 부부 한 쌍이 평생 겨우 한 명의 아이도 낳지 않는다는 뜻입니다. 두 사람이 가정을 이루어 아이를 한 명도 채 낳지 않는 셈이니, 평균수명이 늘어난다고 해도 조만간 우리나라의 총인구가 줄어들 가능성이 있는 셈이지요.

대한민국은 '인구 절벽'을 넘어 '국가 소멸'이라는 위기 앞에 있습니다. 벼랑 끝에 선 것처럼 위태로운 상황입니다. '인구 절 벽'은 미국의 경제학자 해리 덴트가 『2018 인구 절벽이 온다』라 는 책에서 제시한 개념인데요. 한 나라나 지역의 인구가 급격히 감소해, 인구 분포 그래프가 마치 깎인 절벽 같은 모습을 보이는 것을 표현한 말입니다. 즉 생산 가능 인구(15~64세)가 급격히 줄 고, 고령 인구(65세 이상)는 급속도로 늘어 전체 인구 분포가 역 삼각형 모양을 띠는 걸 '인구 절벽'이라고 합니다. 역삼각형 모 양이 마치 절벽이 가파르게 깎인 모습과 닮았다 하여 이런 이름 이 붙었지요. 쉽게 말해 인구 절벽이란 일하고, 소비하고, 투자 하는 사람이 줄어드는 걸 말합니다. 일터에서 일하는 생산 가능 인구가 줄어든다는 것은 곧 돈을 버는 사람이 줄어든다는 뜻입 니다. 돈을 버는 사람이 줄어드니 당연히 돈을 쓸 사람도 줄어듭 니다. 물건을 사고 여가를 즐기는 사람이 줄어든다는 뜻이지요. 이렇게 소비 활동이 줄어들면 GDP가 줄어듭니다. 이러한 현상 은 경제뿐 아니라 사회 전반에 많은 문제를 일으킬 수 있습니다.

대도시에 모든 것이 집중된 이상한 나라

그렇다면 우리나라 인구는 왜 이렇게 빠른 속도로 줄어들고 있는 걸까요? 대체 뭐가 문제인 걸까요?

『아이가 사라지는 세상』이라는 책에서 조영태 교수는 "인구학의 창시자인 토머스 맬서스가 강조한 인간의 본능에 집중해 저출생 문제를 바라봐야 한다"고 말합니다. 토머스 맬서스가 주목한 인간의 본능은 두 가지입니다. 하나는 아이를 낳고 종족을 보존하는 재생산 본능이고 나머지 하나는 개인이 살아남기 위한 생존 본능입니다. 그리고 맬서스는 이 두 가지 본능 가운데 늘 생존 본능이 앞선다고 말합니다. 다음 세대를 생각하기 전에 우선 자신부터 살아남아야 하니까요. 그렇다면 인간이 아이를 낳지 않을 때는 생존에 위협을 느끼는 상황이라는 건데요. 그 대표적 상황 중 하나가 바로 생활공간의 높은 밀도입니다. 인구밀도가 높다는 건 좁은 공간에 사람이 많이 몰려 산다는 뜻이니, 한정된 자원을 얻기 위해 생존 경쟁을 할 수밖에 없다는 것이지요.

이를 대한민국에 대입해 생각해 봅시다. 대한민국은 이상할 정도로 인구가 수도권을 비롯한 일부 대도시에만 몰려 있는 나라입니다. 대한민국 전체 인구의 절반 이상이 수도권에 거주하고 있을 정도니까요. 사람이 많은 만큼 교육, 의료, 문화 시설 등 모든 인프라가 당연히 수도권에 집중되어 있습니다. 여러분이라면 어디에서 살고 싶은가요? 당연히 대한민국 청년이 살고 싶은 지역도, 주로 활동하는 공간도 대부분 수도권과 일부 지역에 한정되겠지요. 결국 많은 청년이 수도권에 사는 것을 목표로 삼는데, 그렇다고 모두가 원하는 것을 누리고 살 수는 없는 노릇입니다. 시장 논리에 따라 원하는 사람이 많을수록 물가도, 집값도 계속 오르니까요. 어떻게든 수도권에서 살아남으려면 모든 에너지를 후대가 아닌 자신에게 쏟아야 합니다. 재생산 본능보다 생존 본능이 앞설 수밖에 없는 상황인 거죠. 아이를 낳는 순간 경쟁에서 밀려날 수 있으니까요.

점점 사라지고 있는 지방

혹시 "벚꽃 피는 순서대로 대학 문을 닫는다"라는 말을 들어 봤나요? 벚꽃은 기온이 높은 남쪽에서부터 피기 시작하지요. 그러니까 이 말은 지방의 인구 소멸에 따라 수도권이 아닌 지방 대학교가 대량으로 폐교를 하는 상황을 가리킵니다.

사상 처음으로 인구가 감소한 2020년에 태어난 아이는 약 27만 2,400명이고 사망한 사람은 30만 5,100여 명이었습니다. 한 해 출생자 수보다 사망자 수가 더 많은 '인구 데드크로스' 현상이 일어난 것입니다. 이는 통계청이 예측한 시간보다 8년이나 앞당겨진 일입니다.

'지방 소멸'은 저출산·고령화와 대도시로의 인구 이동으로 지역사회의 인구가 감소하여 인프라 및 생활서비스의 부족, 생활의 애로가 생겨 공동체가 제대로 기능하기 어려운 상태를 말합니다. 지방 소멸은 앞서 이야기한 수도권 집중 현상과 긴밀한 관계에 있습니다. 청년이 수도권으로 몰려드니 지방은 각종 인프라가 줄어들어 점점 더 살기가 불편해집니다. 그래서 남은 사람마저 지방을 등지고 대도시로 향하게 되고 이는 지방 소멸로 이어집니다. 또한 수도권의 인구 밀집은 과도한 경쟁으로 인한 저출산으로 이어지지요.

지방 소멸과 밀접하게 연관되어 있는 수도권의 인구 집중은 우리나라의 경우 매우 심각합니다. 세계의 다른 나라와 비교해 봐도 그 정도가 무척 심합니다. 한국은행의 보고서에 따르면 우리나라는 2022년 기준 전체 인구의 절반 이상이 수도권에 집중되어 있습니다. 그에 비해 집중도가 높은 편인 일본은 34.4%이며, 프랑스는 18%, 독일은 7.5%를 차지하고 있습니다. 감사원에 따르면 2047년에는 우리나라 229개 모든 시, 군, 구가 인구학적으로 쇠퇴 위험 단계에 진입하고, 2067년에는 열세 개 지역을 제외한 전국 216개 시, 군, 구(전체의 94.3%)가 소멸 고위험 단계에 진입하는 것으로 조사됐습니다.

인구에 따라 사라지고 생기는 사회 필수 제반 시설

일곱 살이 되면 초등학교에 입학을 합니다. 그런데 집 근처에 갈 학교가 없으면 어떻게 해야 할까요? 학교가 차로 한 시간이나 걸리는 먼 곳에 있으면요? 어느 지역의 출산율이 줄어들면 아이가 자라면서 꼭 이용해야 하는 학교나 병원도 문을 닫습니다. 그러면 먼 거리의 학교로 통학을 해야 하고 병원을 찾아 헤매는 일이 생기지요. 실제로 지역을 가리지 않고 곳곳에서 학교, 어린이집, 소아과, 산부인과가 빠른 속도로 사라지고 있습니다. 얼마 전에는 소아과 전공의가 줄어들어 고열이 나는 아이가 대학병원 응급실에 입원하지 못하고 귀가했다가 숨진 일까지 있었습니다.

사람들이 몰려 사는 서울의 상황도 다르지 않습니다. 지방이든 서울이든 정도의 차이가 있을 뿐, 출산율이 줄어드는 건 마찬가지니까요. 2014년에서 2022년까지 서울에서만 어린이집 2,000여 개가 문을 닫았습니다. 남은 어린이집도 정원을 다 채우지 못한 곳이 많고요. 2022년 한 해만 봐도 서울에서 337개의 어린이집이 폐업을 했다고 합니다. 거의 하루에 한 곳씩 사라진 셈입니다. 2023년에는 서울 광진구의 한 초등학교가 폐교를 했습니다. 전교생이 70여 명으로 줄었거든요. 서울 서대문구에 있는 한 중학교가 개교 100여 년 만에 문을 닫기도 했습니다. 다니던 학교가 갑자기 사라지면 어떨까요? 당장 내일부터는 어디로 등교해야 할지, 당황스럽지 않을까요?

인구 감소에 따라 출산, 교육 등 어린이와 관련된 산업이 급속하게 축소되고 있습니다. 대학 입시도 예외가 아닙니다. 2021년에는 사상 처음으로 수험생 수가 대학 입학 정원보다 줄어들었고 지방대는 신입생을 유치하려고 안간힘을 쓰고 있습니다. 이런 이야기를 하면 학생들은 이제 대학 가기가 쉬워지겠다면서 좋아하는데, 그럴수록 좋은 대학에 들어가기 위한 경쟁은 더욱 치열해집니다.

세계 1위인 우리나라 고령화

요양병원, 요양원 등이 엄청난 속도로 늘어나고 있는데요. 이는 '고령화' 현상으로 설명할 수 있습니다.

고령화는 나이 든 노인이 많아지는 것을 뜻합니다. 전체 인구 중 65세 이상 노인이 얼마나 많은지에 따라 그 사회의 고령화 진행 정도를 나누어 볼 수 있습니다. 전체 인구가 100명이라고 가정할 때, 100명 중 7명 이상이 노인이면 이를 '고령화 사회'라고 부릅니다. 그리고 100명 중 14명 이상이 노인이면 '고령 사회', 100명 중 20명 이상이 노인이면 '초고령 사회'라고 부릅니다.

현재 우리나라는 전체 인구를 100명이라고 했을 때 열여덟 명이 노인으로 고령 사회에 해당하는데, 2025년에는 초고령 사회가 될 것이라고 합니다. 중국은 2000년에 고령화 사회가 됐고 2021년 고령 사회에 진입했습니다. 일본은 1970년 고령화, 1995년 고령, 2005년 초고령 사회가 됐습니다. 고령화 사회에서 고령 사회가 되기까지 일본은 25년, 중국은 21년이 걸렸는데요. 우리는 2000년 고령화 사회, 2018년 고령 사회가 됐습니다. 그 기간이 18년으로 중국보다 짧지요. 이처럼 우리나라의 인구 고령화는 세계적으로도 주목을 받을 만큼 빠르게 진행되고 있습니다.

✅ **인구 절벽** 생산 가능 인구가 급격히 줄고, 고령 인구는 급속도로 늘어 전체 인구 분포가 역삼각형 모양이 되는 현상. 그 모양이 마치 가파른 절벽의 모습과 닮았다 하여 붙은 이름이다.

✅ **인구 데드크로스** 한 해 동안 태어나는 출생자 수보다 사망자 수가 더 많아지면서 인구가 자연 감소하는 현상을 '인구 데드크로스 deadcross'라고 한다. 인구 데드크로스는 고령화에 따른 사망률 증가와 출산율 저하 등으로 나타나며, 이 현상이 심각해지면 결국 인구 절벽 문제를 마주하게 된다.

✅ **생산 가능 인구** 생산 가능 인구란 '생산'이라는 말이 상징하듯이 스스로 일해서 돈을 벌 능력이 있다는 뜻이다. 구체적으로 말하면 15세에서 64세까지의 인구 중에서 군인, 사회복무요원, 의무경찰, 형이 확정된 교도소 수감자 등을 뺀 인구이다. 한창 일할 나이의 인구를 뜻하는 생산 가능 인구의 비율이 높을수록 경제는 활력을 띤다.

☑ **인구학** 출산, 사망, 인구 이동 그리고 인구 성장을 연구하는 학문. 인구학에서는 사람이 태어나고, 이동하고, 사망하는 등의 인구 현상에 따라 사회가 변화하는 모습을 공부한다. 이처럼 인구학은 인구와 사회 간의 긴밀한 작용을 연구하는 사회과학의 기본 학문이다.

찬성

"인구가 줄면 위험하다"

1. 국가의 존립이
위험해진다

인구 감소로 나라가 몰락한 역사적 사례가 있습니다. 바로 스파르타인데요. 스파르타는 영화 <300>에서 보듯 강성한 군대 국가였습니다. 전사 300명이 스무 배나 많은 크세르크세스 1세의 페르시아 군대와 맞서 싸운 이야기는 유명합니다. 그들은 정복한 땅의 사람들을 전쟁 포로로 끌고 와서 노예로 삼고 농장 일이나 허드렛일을 시켰습니다. 스파르타인은 육체적 노동에서 벗어나 더 많은 시간적 여유를 누리게 되었죠. 하지만 그들은 어느 순간 역사 속에서 사라졌습니다. 아리스토텔레스는 스파르타가 거대한 성공을 거두고 난 후 인구가 서서히 줄어들었다고 기록했습니다. 원인은 출산율 저하였습니다. 인구가 줄어든 스파르타는 테베인들에게 패한 뒤 몰락했습니다. 인구 감소가 어떻게 국가 소멸로 이어지는지를 보여 주는 사례라고 할 수 있지요.

우리나라의 유례없는 '인구 절벽' 현상은 외국 신문과 전문가도 주목하고 있습니다. 일본 《마이니치신문》은 2024년 2월, '한국 국가 소멸 위기감'이라는 제목으로 한국의 심각한 저출산 문제를 다루었습니다. 《마이니치신문》은 한국 통계청이 2022년 5,167만 명인 인구가 50년 뒤에는 3,652만 명으로 줄어들 것으로 전망했다면서 단순한 출산율 제고 방안만으로는 대응이 어려운 상황이라고 했고, 테슬라의 최고경영자인 일론 머스크도 한국은 3세대 안에 인구가 붕괴되어 지도에서 사라질 것이라고 말했습니다. 인구가 줄어들어 국가가 사라진다면 그야말로 큰 문제가 아닐 수 없습니다. 조상들이 노력해 지켜 낸 나라를 이어 가기 위해서라도 인구 감소 문제는 시급하게 해결해야 합니다.

2. 지방 도시가 사라지며
국토 불균형이 일어난다

인터넷에 '인구'라는 키워드로 기사를 검색하면 지방자치단체 (지자체)에서 인구문제를 해소하기 위해 이모저모로 노력한다는 기사가 수도 없이 나옵니다. 저출산 시대를 맞아 전국의 지자체는 인구를 늘리기 위해 안간힘을 쏟고 있습니다. 일부 지자체는 출산 장려금을 기존보다 최고 여섯 배까지 올리면서 한 명이라도 아이를 더 낳도록 하기 위해 온 힘을 다하고 있습니다. 왜 이렇게까지 애를 쓰는 걸까요?

지방 중소도시에서는 젊은 인구가 엄청나게 빠른 속도로 사라지고 있습니다. 나라 전체의 인구가 줄어드는 상황에서 젊은 이들이 계속 지방을 등지고 도시를 향해 떠나기 때문입니다. 이에 따라 지방 중소도시 인구의 평균 연령은 점점 더 높아지고 있습니다. 인구가 감소하는 와중에 지방 중소도시가 늘어 가는 것이지요.

"말은 제주로 보내고 사람은 서울로 보내라"는 말처럼 서울은 여전히 수많은 사람에게 희망의 도시입니다. 특히 15~24세 청년 인구에게는 더더욱 그렇습니다. 사람이 많고 기업이 몰려 있고 인프라가 잘 갖춰져 있으니 기회의 장소로 여겨지는 것입니다. 그래서 학업, 취업 등을 이유로 많은 청년이 지방을 떠나 서울로 향합니다. 정확하게는 서울이 아니라 수도권으로 인구가 몰려들고 있습니다.

2020년 수도권 인구는 전체 인구의 절반을 넘겨 마침내 비수도권 인구를 넘어섰습니다. 수도권은 전체 국토의 11.8%에 지나지 않는데 전체 인구의 절반이 서울을 포함한 수도권에 거주하는 것입니다. 이는 우리나라 사람 두 명 중 한 명이 수도권에 산다는 말입니다. 그리 크지도 않은 나라인데 수도권은 밀려드는 사람으로 살기가 점점 더 팍팍해지고, 지방은 사라질 판이라니 이상하지 않나요? 인구 감소 문제는 국토의 효율적 사용이나 삶의 질 향상이라는 측면에서도 살펴봐야 합니다.

3. 복지 부담이
점점 커진다

인구 감소에 따른 문제는 그뿐이 아닙니다. 복지에 대한 부담도 커집니다. 세금과 사회보험료를 내는 인구는 줄어드는데, 국민연금이나 건강보험 같은 복지 혜택을 필요로 하는 인구는 늘어나기 때문입니다. 1960년대 우리나라 인구 구조의 그래프를 보면 위가 좁고 아래가 넓은 항아리형 구조였는데 현재는 역피라미드형으로 바뀌었습니다. 젊은 세대는 적고 고령층은 많아 피라미드가 거꾸로 뒤집힌 듯한 모양이죠. 2060년 예상 구조를 보면 등골이 오싹해집니다.

　나이가 들어 은퇴하면, 국가 복지 정책 중 하나인 '연금'으로 소득을 대체합니다. 그런데 저출산·고령화 현상은 이러한 연금 제도에 말썽을 일으킵니다. 소수의 청년이 다수의 노인을 부양해야 하기 때문입니다. 예를 들어 볼게요. 과거에는 청년 다섯 명이 노인 한 명을 부양했습니다. 노인 한 명에게 1만 원을 지급하려면 청년 한 명당 2,000원만 부담하면 됐죠. 그런데 이제 혼자서 노인 다섯 명을 부양해야 한다고 가정해 봅시다. 노

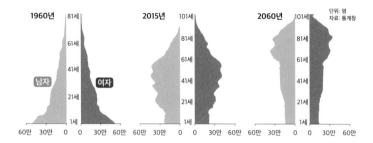

인구 구조 변화

1960년 81세 61세 41세 21세 1세
남자 여자
60만 30만 0 0 30만 60만

2015년 101세 81세 61세 41세 21세 1세
60만 30만 0 0 30만 60만

2060년 101세 81세 61세 41세 21세 1세
60만 30만 0 0 30만 60만

단위: 명
자료: 통계청

인 한 명에게 똑같이 1만 원을 주려면 청년 혼자서 5만 원을 부담해야 합니다. 즉 청년 세대는 점점 더 많은 사회보험료와 세금을 내야 하니 어깨가 훨씬 더 무거워집니다. 이렇게 되면 혜택을 받는 노인 세대와 부담이 커지는 청년 세대 간에 갈등이 커지고, 이로 인해 사회 기반이 무너질 수도 있습니다. 이러한 이유로 정부는 연금 개혁을 논의하고 있지요. 노후의 소득을 보장하는 한편으로 연금 재정의 지속 가능성을 높이기 위해서입니다. 사회 전반의 기반을 위태롭게 한다는 측면에서도 인구 절벽은 심각한 문제입니다.

"인구가 줄면
좋은 점이 많다"

---

1. 근로자의
생활 수준이 높아진다

사람들은 인구 감소가 경제 위기로 이어진다고 걱정합니다. 인구가 줄어들면 소비 시장이 위축되고 노동력이 줄어드는 악순환이 이어지면서 경제에 막대한 타격이 올 수밖에 없다는 것이지요. 하지만 이는 요즘처럼 경제성장률이 낮은 저성장 시대에는 어울리지 않는 주장입니다. 인구가 지금보다 줄어드는 것은 위험한 현상이 아니라 오히려 최적의 환경을 찾아가는 자연스러운 과정입니다. 일할 사람이 줄어들면 노동력은 더 귀해지고, 기업은 임금을 올리고 근무 시간을 단축하는 등 복지에 더 신경을 쓰게 됩니다. 이는 근로자의 생활 수준 향상으로 이어질 수 있습니다. 인구 감소가 사회나 국가 전체로서는 재앙이 될 수도 있지만 개인에게는 인생의 가치를 키우는 '희망의 메시지'로 작용할 수 있습니다.

2. 일하고 싶은 만큼
오래 일할 수 있다

인구 감소 사회에서는 직장을 그만두는 나이가 지금보다 훨씬 더 미뤄질 수 있습니다. 우리나라 정년퇴직 나이는 60세이지만 급속도로 진행 중인 고령화를 고려하여 정년을 60세에서 65세로 바꾸어야 한다는 의견이 분분합니다.

고령 인구가 증가하면 그에 따른 비용이 늘 것이라고 다들 우려합니다. 하지만 국민 위생이 좋아지고 의료 기술이 발전함에 따라 사망률이 줄어들면서 기대수명이 늘어나고 있습니다. 건강한 기대수명, 즉 '건강수명'도 함께 늘었습니다. 건강수명은 기대수명에서 질병을 앓는 기간을 뺀 나머지 시간을 말합니다. 현재 세계 대부분 국가의 신생아 건강수명은 2000년 출생아에 비해 5년 더 길 것으로 예측되고 있습니다. 영국, 독일, 미국과 같은 고소득 국가에서도 2000년 이후 건강수명은 1~3년씩 증가했습니다. 건강한 노년기가 길어지면서 적극적이고 건강하게 여생을 보내는 시대가 열렸습니다. 이러한 측면을 보면 인구 감소로 인한 노동력 부족은 과장된 예측입니다.

그뿐 아닙니다. 로봇과 AI로 대표되는 자동화는 노동력을 대체하고 있고 앞으로 이러한 경향은 더 도드라질 것입니다. 청년층이 줄어들더라도 노동력이 부족할 일은 많지 않다는 것이지요. 또 건강 수준이 높은 노인 가운데서도 일하고자 하는 사람이 적지 않기 때문에 노동력을 보충할 수 있습니다. 원한다면 더 오래 일할 수 있다는 뜻입니다. 적절한 수준의 일을 하면 오히려 삶의 질이 높은 노년을 보낼 수 있습니다.

3. 높은 실업률을
해결해 준다

지금은 출산율 감소로 인한 생산 가능 인구 감소를 걱정할 때가 아니라, 출산율 감소 대비 생산 가능 인구가 많은 것을 걱정할 때입니다. 청년 인구가 감소했는데, 청년 실업자는 오히려 늘어났습니다.

이는 청년을 위한 질 좋은 일자리가 많지 않은 데다 자동화 기술 등의 발달로 인해 고용이 자연스레 줄어들면서 나타난 현상입니다. 따라서 생산 가능 인구가 줄어든다고 걱정하기보다는 점점 더 발달하는 자동화 기술로 인해 나타나는 고용 감소, 즉 실업 증가에 대한 대비가 더 중요합니다.

이런 상황에서 출산율이 늘어나면, 정부의 재정으로 지원해야 하는 실업 급여 대상자가 늘어나는 결과가 초래됩니다. '실업급여'는 실업으로 인한 생계 불안을 극복하고 생활 안정을 도와주며 다시 취업할 기회를 지원해 주는 제도를 뜻합니다. 지금도 취업하기가 쉽지 않은 상황인데 출생률이 늘어나면 한정된 일자리를 두고 더욱 경쟁이 심해지겠지요. 그렇기 때문에 어느 정도의 인구 감소는 실업 문제를 완화할 수 있습니다. 실업 급여를 대규모로 지급해야 하는 국가도 당분간 재정 부담을 덜 수 있겠지요.

본격 토론을 해봅시다

사회자　　김위험　　이희망

안녕하십니까. 오늘 저희 '인구 위기 토론반'에서는 '인구가 줄면 정말 위험할까?'를 주제로 이야기를 나누어 보려 합니다. 우리나라는 출생률이 감소하고 사망자 숫자가 급증하면서 '인구 절벽'에 점점 다가서고 있습니다. 출생자가 사망자보다 적은 '인구 데드크로스 상황'에 처해 있는 것입니다. '인구 감소는 우리나라가 사라질 수도 있는 심각한 문제이다'라는 의견과 '인구가 줄어들면 위험하기보다는 좋은 점이 많다'라는 주장이 맞서고 있는데요. 인구 감소가 그렇게 심각한 문제일까요? 오늘 참석해 주신 김위험 씨와 이희망 씨의 의견을 들어 보겠습니다. 김위험 씨가 먼저 발언해 주십시오.

인구 감소는 사회적 재앙입니다. 인구 절벽으로 인해 생산 가능 인구가 줄어들면 소비가 줄어들고 생산도 위축됩니다. 이러면 국가 경제가 활력을 잃을 수밖에 없습니다. 나라의 경쟁력을 평가하는 GDP도 감소해서 국가 경쟁력도 떨어집니다. 우리나라가 계속해서 발전해 나가기 위해서는 인구 감소 문제를 하루라도 빨리 해결해야 합니다.

물론 인구가 감소하면 국가 경쟁력이 떨어질 수도 있겠지요. 하지만 정반대로 생각해 볼 수도 있습니다. 인구 감소가 인류에게 위기가 아닌 기회라는 의견도 있습니다. 앨런 와이즈먼 같은 학자는 『인구 쇼크』라는 책에서 인구가 줄어도 1인당 소득은 감소하지 않으며, 삶의 질이 좋아진다고 말합니다. 오히려 지금 80억 명을 넘어

선 인구 증가 속도를 막지 못하면 인류가 자멸할 것이라고까지 말하지요. 또한 인구 감소로 생산 가능 인구가 줄어 GDP가 감소한다는 주장은 요즘 같은 저성장 시대에는 어울리지 않습니다. 일할 사람이 줄어들면 노동력은 더 귀해지고 기업은 복지 문제에 신경을 더 쓸 것입니다. 결과적으로 근로자의 생활 수준이 높아지니 긍정적인 변화지요.

긍정적 전망도 있다는 것은 잘 알겠습니다. 하지만 지금 당장 인구가 감소하며 벌어지고 있는 현상은 어떻게 해결해야 할까요? 전국의 어린이집, 초등학교, 지방 병원, 지방 대학교가 빠른 속도로 사라지고 있습니다. 아이들이 갈 학교가 문을 닫고 아파도 병원에서 치료를 받을 수 없는 등 문제가 심각합니다. 게다가 군대를 유지하기 위한 '필요 병력'도 줄어들고 있지요. 나라를 지킬 군인이 부족하니 정부에서도 크게 고민하고 있습니다. 젊은 사람이 줄어들면 기업이 신규 인력을 뽑기도 어려워질 겁니다. 이렇게 문을 닫는 곳이 늘어나고 일할 사람이 부족해지면 경제에도 빨간불이 들어오는 건 보지 않아도 당연한 결과입니다.

복지 문제는 또 어떻습니까? 고령화로 인해 국민연금이나 건강보험 혜택을 필요로 하는 인구는 계속 늘어나고 있습니다. 그러면 청년 세대가 점점 더 많은 사회보험료와 세금을 내야 하는데 감당이 될까요? 아니, 감당하려고 할까요? 이는 심각한 세대 갈등으로 이어질 수도 있습니다. 적은 수의 청년이 많은 노인을 부양해야 할 머지않은 미래를 생각하면 인구 감소 문제를 도저히 낙관할 수가 없습니다.

노년을 이전과 같이 생각하면 안 됩니다. 건강수명이 점점 늘어나고 있는 지금, 노인들은 더 적극적이고 건강한 여생을 보내고 있습니다. 몸이 건강하니 일하고 싶은 노인은 취업을 해서 경제활동을 이어갈 수 있지요. 의료보험이나 연금 등의 문제가 생각보다 심각하지 않을 수 있다는 뜻입니다. 노년의 삶의 질은 계속해서 높아지고 있습니다.

필수적인 인프라가 문을 닫고 사라지는 문제는 해결해야겠지요. 하지만 지금은 생산 가능 인구의 감소를 걱정하기보다는 오히려 출산율 감소 대비 생산 가능 인구가 많은 것을 걱정해야 합니다. 일할 사람이 없다고 걱정할 일이 아니라 노동력이 많아서 실업률이 늘어나는 것이 문제라는 뜻입니다. 안 그래도 실업률이 높은데 여기서 출산율이 늘어나면 정부의 실업 급여 부담이 커질 뿐입니다.

네, 긴 시간 함께해 주신 두 분께 감사드립니다. 이제 마칠 시간이 되었는데, 두 분 마무리 발언 해주시죠.

인구 절벽은 사회적 재앙입니다. 사회적 인프라의 불균형이 심해지고, 고령화에 따른 복지 부담도 커지고 있습니다. 인구 감소 문제는 시급하게 해결해야 할 중요한 문제라고 생각합니다.

 인구 감소는 인류에게 위기가 아닌 기회입니다. 인구가 줄어들어도 삶의 질은 나아집니다. 충분한 복지를 누리며 여유 있는 삶을 살기 위해서라도 적정 수준의 인구 감소는 꼭 필요한 조건입니다.

1. 책의 내용을 보며 다음 빈칸을 채워 보자.

- (　　　　　　　　)은/는 일하고, 소비하고, 투자하는 사람이 줄어들어 전체 인구 분포가 역삼각형 모양이 되는 현상을 말한다. 그 모양이 마치 가파른 절벽의 모습과 닮았다 하여 붙은 이름이다.

- (　　　　　　　　)란 한 해의 출생자 수보다 사망자 수가 더 많아지면서 인구가 자연 감소하는 현상을 뜻한다.

- (　　　　　　　　)란 15세에서 64세까지의 인구 중에서 군인, 사회복무요원, 의무경찰, 형이 확정된 교도소 수감자 등을 뺀 인구이다.

- (　　　　　　　　)은/는 사람이 태어나고, 이동하고, 사망하는 등의 인구 현상에 따라 사회가 변화하는 모습을 연구하는 학문이다.

2. 토론 내용을 보고 찬성과 반대 입장의 주장과 그 근거를 간단히
   정리해 보자.

- 인구가 줄면 정말 위험할까?

- 찬성

- 반대

3. 인구 위기에 대한 나의 생각을 정리해 보자.

- 나는 인구 위기에 대해ㅤㅤㅤㅤㅤㅤㅤㅤㅤㅤㅤ
  라고 생각한다.
  왜냐하면

2

인구가
줄어들수록
경제가 어려워질까?

**인구가 줄어들수록
경제에 부정적 영향을 미친다**

**인구가 줄어들수록
경제에 긍정적 영향을 미친다**

저출산으로 오랫동안 골치를 앓은 싱가포르의 합계출산율은 2023년 0.97로 사상 최저를 찍었습니다. 계속해서 줄어드는 출산율에 꽤 일찍부터 저출산 대책을 세워 실행했지만 별다른 효과를 보지 못하고 있는 것입니다. 학령 아동이 줄어들면서 초·중학교 통폐합이 싱가포르 교육부의 주요 업무가 됐을 정도입니다.

반면, 2022년 11월에 유엔 인구국UNPD이 밝힌 바에 따르면 전 세계 인구가 80억 명을 넘어섰다고 합니다. 유엔이 발표한 「2022 세계 인구 전망」에 따르면 세계 인구는 2030년에 85억 명을 넘어선 뒤 2050년 97억 명, 2080년대 104억 명으로 정점을 찍을 것으로 전망되었습니다. 앞으로 40년 안에 중국과 인도의 지금 인구수를 합한 것(약 27억 4,900만 명)만큼 세계 인구가 늘 것이라는 전망도 2017년에 나왔습니다. 이렇듯 인류 전체를 놓고 보면 저출산 문제로 고통을 받는다는 주장은 설득력이 떨어집니다.

경제학자 맬서스는 1798년에 "인구 급증이 미래 세대의 자원에 대한 심각한 제약으로 이어질 수 있다"고 경고했습니다. 인구가 급격하게 늘어나면 미래 세대가 쓸 자원이 부족해진다는 말이지요. 그렇다면 인구 감소가 오히려 경제에 긍정적인 걸까요?

인구 위기가 아닌 인구 폭탄?

출산율은 감소하는데, 세계 인구가 계속 느는 이유는 무엇일까요? 크게 보면 현대 의학의 발달과 생활 수준의 향상 그리고 빠른 도시화로 인해 인류의 생존율이 계속 높아지고 있기 때문입니다.

또한 대부분의 나라가 저출산으로 신음하고 있지만, 반대로 과잉 출산으로 우려의 목소리가 높아지는 나라도 있습니다. 2023년 6월 3일, 이집트 통계청은 이집트의 인구가 1억 500

만 명에 도달했다고 발표했습니다. 처음부터 이집트의 인구수가 많았던 것은 아닙니다. 1798년 프랑스 나폴레옹이 이집트를 침공했을 당시만 해도 800만 명에 지나지 않았다고 하니까요. 당시 프랑스 인구가 약 3,000만 명이었다는 것을 생각하면 무척이나 적은 인구수입니다. 이집트는 국가 소멸이라는 중대한 문제를 해결하기 위해 정책을 도입했고, 오늘날 세계 인구의 1.3%가 이집트에 살게 되었습니다. 이집트의 인구밀도는 111.5명/km², 환경 수용력의 한계 상태라고 할 수 있습니다. '환경 수용력'이란 일정한 환경에서 특정 개체군을 수용할 수 있는 최대 크기를 의미합니다. 이집트에 인구가 너무 많아서 감당하기 어려울 정도가 되었다는 뜻이지요.

제주도에서 환경보전분담금 도입을 검토하고 있는 이유도 환경 수용력이 우려되기 때문입니다. 작은 섬에 워낙 많은 사람이 몰리니 당연히 환경이 유지되지 않고 오염되겠지요. 그렇기에 제주의 자연환경과 생태계 보전, 관광산업의 지속 가능한 발전을 위해 숙박시설 및 차량(렌터카 등)을 이용하는 관광객 등에게 이용 일수를 고려해 환경보전분담금을 부과한다는 취지입

니다. 찬반 의견이 분분하지만 제주도의 특수성과 다양한 생물
종을 보호하기 위한 노력이 필요한 것은 사실입니다.

빈곤에서 벗어나려면
자녀 수를 조절해야 한다고 주장한 경제학자

18세기에는 증기기관의 발명으로 산업혁명이 시작되었고 그
로 인해 인구가 급격하게 증가했습니다. 당시 『국부론』의 저자
인 애덤 스미스를 비롯한 경제학자는 인구가 생산의 주요 요인
이라고 주장했습니다. 인구가 많을수록 일손이 늘어나 부가 더
많이 창출된다고 생각한 것이죠. 당시 사람들은 대부분 일손을
늘리기 위해서라도 아이를 많이 낳아야 한다고 생각했습니다.

하지만 영국의 경제학자 토머스 로버트 맬서스는 생각이 달
랐습니다. 그는 인구와 식량 생산 두 가지에 한정해서 논리를
펼쳤습니다. 맬서스는 "식량은 산술급수적으로 늘어나는 데 비
해 인구는 기하급수적으로 늘어난다. 그러므로 인구를 억제하

지 않으면 빈곤이 발생한다"라고 주장했습니다. 즉 인구는 1, 2, 4, 8, 16, 32······의 비로 증가하는데 식량은 아무리 생산량을 늘려도 1, 2, 3, 4, 5, 6······의 비로 증가한다는 것입니다. 맬서스는 식량은 정해진 토지에서 수확하므로 증가하는 데 한계가 있지만 인구는 그와 달라서 기하급수적으로 증가한다고 했습니다. 식량의 증가 속도가 인구의 증가 속도를 따라잡을 수 없기 때문에 인구가 많아지면 많아질수록 궁핍해질 수밖에 없다는 주장입니다.

당시 영국은 매우 혼란스러운 시기였습니다. 영국으로부터 독립하려는 미국과 전쟁을 치렀고, 빈민의 증가, 계급 간 대립 등 산업혁명의 부작용도 많았습니다. 맬서스는 이와 같은 여러 가지 사회문제로 불거진 빈곤을 인구 증가라는 현상을 통해 분석하고자 했습니다. 인구수는 질병, 전쟁 등으로 조절되기도 합니다. 역사적으로 14세기에 페스트가 대유행하면서 유럽 인구의 3분의 1이 사망했던 사례를 봐도 알 수 있지요. 그러나 맬서스는 이러한 요인은 제쳐두고 개인적 차원을 강조했습니다. 그러면서 빈곤에서 벗어나려면 자녀 수를 조절할 필요가 있다고 주장했지요. 이러한 맬서스의 주장은 훗날 한국, 중국 등의 산아 제한 정책(가정 내 아이 수를 제한하는 정책)에 영향을 주었습니다. 그 후 오랜 시간이 지났지만 맬서스의 이론은 오늘날에도 인구 관련 연구에서 여전히 활발하게 거론되고 있습니다.

그러나 세상은 그의 예상대로 흘러가지 않았습니다. 20세기 초 1차, 2차 세계대전으로 사회 질서가 무너지고 인구 감소 시대로 접어든 것입니다. 당시 경제학자 존 케인스는 맬서스의 주장과 반대로 "인구 감소는 수요 부족으로 이어져 경제 불황을 일으킨다"라고 경고했습니다. 물건을 사줄 사람이 줄어드니 경제가 위축된다는 뜻입니다. 케인스의 전망대로 우리나라와 일본, 서유럽 등의 주요국에서는 저출산, 고령화로 인한 우울한 미래를 마주하고 있습니다.

경제성장률을 좌우하는
생산 가능 인구수

새로 태어나는 아기의 수가 줄어들면 일할 사람이 줄어드는 결과로 이어집니다. 생산할 사람이 줄면 GDP 규모가 줄고 경제 성장의 맥박은 느려집니다. 복지 지출로 인한 재정 부담이 커지지만 정작 세금을 낼 사람은 줄어들어 정부 재정도 악화됩니다. 일할 사람이 줄어들고 쓸 돈도 부족해져서 경제 성장이 둔화된다는 뜻입니다. 세계 각국이 출산율 높이기에 팔을 걷어붙이는 이유가 여기 있습니다.

우리나라 생산 가능 인구는 2017년 3,757만 명을 기록한 뒤 계속 줄어들고 있습니다. 통계청은 2038년에는 2,963만 명, 2062년에는 1,985만 명, 2070년에는 1,736만 명까지 줄어들 것으로 예측했는데요. 생산 가능 인구의 감소는 출생률이 감소하고 고령 인구는 증가하기 때문에 생겨납니다. 통계청 자료에 따르면 우리나라는 2020년부터 생산 가능 인구가 줄어드는 인구 절벽에 돌입했습니다. 현재 속도라면 그로 인한 경제적 충격도 예상보다 더 빨리, 강하게 나타날 가능성이 큽니다.

인구와 경제 성장의 상관관계는 2000대 초반부터 세계 각 국에서 나타났습니다. 2000년대 급격한 성장을 이루었던 BRICS(브라질, 러시아, 인도, 중국, 남아프리카), 2010년대부터 큰 성 장률을 보여 주기 시작한 베트남 등을 보면 이를 확실히 알 수 있지요. 이 국가들은 선진국에서 효율적인 생산기술을 도입하 고 풍부한 노동력을 활용함으로써 빠른 경제성장률을 보여 줬 습니다. 하지만 인구가 많다고 해서 무조건 경제가 성장하는 것 은 아닙니다. 인구수 자체도 중요하지만 인구 구성 비율이 더 중요합니다. 경제활동을 할 수 있는 생산 가능 인구가 많을수록 경제는 빠르게 성장합니다. 반대로 인구수가 많아도 노인층이 많아지는 국가는 부양의 부담이 증가할 뿐 아니라 경제의 탄력 도 떨어져서 성장률이 둔화됩니다.

잭 골드스톤 미국 조지메이슨대학교 교수에 따르면 세계 인 구는 2070년에 100억 명으로 정점을 찍는다고 합니다. 그리고 선진국의 인구는 줄어들지만 후진국의 인구가 늘어나면서 미 국, 유럽, 일본 대신 인도, 중국, 브라질, 인도네시아, 나이지리

아 등이 경제 대국이 될 것으로 예상했습니다. 선진국은 노년 인구에 대한 복지 수요가 증가하면서 경제 역동성이 떨어지고 사회 안정성도 나빠진다는 것이지요. 이는 우리나라도 예외가 아닙니다.

✅ **환경 수용력** 특정 지역에서 특정 종이 유지될 수 있는 특정 개체군의 최대 크기를 의미한다. 기후 조건, 서식 장소의 구조, 식량 공급량으로 규정되는데, 보통 환경 수용력까지 개체수가 늘어나는 경우는 거의 없다. 다른 종에 의한 포식과 기생, 전염병의 만연, 자연을 둘러싸고 생태적 지위가 비슷한 다른 종 사이에서 벌어지는 종간 경쟁 등에 의해서 개체수는 환경 수용력보다 훨씬 낮은 수준으로 억제된다.

✅ **맬서스의 함정** 맬서스의 재앙이라고도 불리는 비관적인 경제학 가설. 인구는 기하급수적으로 늘어나고 식량 생산은 산술급수적으로 늘어나므로 인구 증가는 식량 공급을 늘 앞지른다. 그렇기에 인구 증가를 억제하지 않으면 평균적인 사람들의 삶의 질은 개선될 수 없다는 주장이다. 삶의 질이 계속해서 최저 수준에 머무르고 인구가 계속해서 늘어나는 현상이 반복되기 때문에 '함정'이라는 이름이 붙었다.

✅ **인구밀도** 인구밀도는 일정한 면적 안에 얼마나 많은 인구가 있는지를 나타낸다. 보통 1km^{2}당 인구를 말하며 단위는 '명/km^2'로 표기한다.

만약 100km²의 땅에 인구가 300명인 A라는 나라와 50km²의 땅에 인구가 200명인 B라는 나라가 있다면, 인구수는 A나라가 많지만 인구밀도는 각각 3명/km²와 4명/km²으로 B나라가 더 높다. 인구가 많더라도 땅이 넓은 나라의 인구밀도는 낮게 나타날 수 있고, 인구가 적더라도 땅이 좁으면 인구밀도가 높게 나타날 수 있다.

"인구가 줄어들수록
경제에 부정적 영향을 미친다"

1. 나라의 경쟁력이
떨어진다

생산을 하는 데 꼭 필요한 것을 생산의 3요소라고 합니다. 이 세 가지는 토지, 노동, 자본을 말하는데요. 여기서 노동, 즉 인구는 경제 성장의 주요한 동력입니다. 중국과 인도가 강력한 경제 대국으로 떠오르고 있는 이유도 두 나라의 인구가 많아서죠.

우리나라의 경우, 한반도미래인구연구원이 2024년 5월 발간한

「2024 인구보고서」를 보면 15~64세 생산 가능 인구는 2023년 3,657만 명에서 2044년 2,717만 명으로 줄어들 전망이라고 합니다. 또한 총 인구도 2023년 5,171만 명에서 2065년 3,969만 명으로 감소할 것으로 보입니다. 인구가 계속해서 줄어들고 그중에서도 생산 가능 인구의 감소가 더 두드러집니다.

생산 가능 인구가 줄어든다는 것은 '노동'할 사람이 줄어든다는 뜻입니다. 또한 총인구가 줄어든다는 것은 소비가 줄어든다는 뜻이지요. 생산과 소비가 힘을 잃으면 국가 경제는 서서히 가라앉아 활력을 잃어버립니다. 한 나라의 경쟁력을 평가하는 대표적인 지표로 GDP를 꼽을 수 있는데요. 한 나라에서 생산하는 모든 생산물 가격의 합이 GDP이기 때문에 그 핵심에는 생산이 있습니다. 인구 감소는 GDP 감소로 이어져 결국 국가 경쟁력이 떨어지는 것이지요. 그러니 인구 감소는 '재앙'이라는 표현을 쓸 만큼 심각한 문제입니다.

2023년 한국은행은 현재의 저출산을 해결하지 못하면 우리나라는 2050년에 경제성장률이 0% 이하로 추락할 것이라는 무시무시한 전망을 내놓기도 했습니다. 발전은커녕 마이너스

성장을 한다는 뜻입니다.

2. 서울에만
의료·교육·환경 인프라가 몰린다

서울(수도권), 시골(지방) 그리고 귤(제주도). '서울 초등학생이 그린 한반도 지도'라는 이름으로 인터넷에서 유행한 그림입니다. 서울 외의 지역은 모두 시골이라는 생각을 보여 주는 이 그림만으로도 '서울공화국'의 심각성을 알 수 있습니다. 서울공화

서울 초등학생이 그린 한반도 지도

국이란 한국의 정치, 경제, 사회, 문화를 비롯한 모든 부문이 서울에 과도하게 집중된 현상을 비꼬아 이르는 말입니다. 그만큼 서울에 인구와 인프라가 집중되어 한국의 사회, 경제의 흐름이 서울을 중심으로 돌아가는 오늘날의 현실을 말해 주고 있는 것이지요.

"서울에서 태어난 것 자체가 스펙이다"라는 말이 나올 정도로 교육뿐 아니라 주거, 교통, 일자리, 복지 등 모든 인프라가 수도권 지역에 몰려 있습니다. 정부의 한 보고서에 따르면 전국에 있는 기초지자체(시군구) 지역의 절반 이상이 사라질 위험에 놓여 있습니다. 또한 전국 기초지자체 열 곳 중 네다섯 곳에는 분만이나 응급처치를 받을 응급 의료기관이 없고 기본적인 문화 시설인 영화관은 세 곳 이상이 없습니다. 이러한 의료 및 문화 취약지는 서울이나 광역시의 기초지자체 중에는 거의 없고 강원, 전남, 경북 등의 군 지역이나 소도시에 몰려 있습니다.

지역 인재가 빠져나가는 문제도 심각합니다. 지방의 주요 대학이 캠퍼스를 아예 수도권으로 옮기려 하거나, 지방 대학을 졸업하더라도 적당한 일자리가 없으니 더 좋은 조건을 찾아 수도권으로 취업을 해 터전을 옮기는 현상이 이어지고 있습니다. 이렇게 수도권으로 인구와 모든 인프라가 집중되는 현상은 악순환을 이루고 있습니다.

3. 인구가 줄어들어도
취업난은 사라지지 않는다

'인구가 줄면 취업 수요가 줄어드니, 당연히 일자리는 늘어나겠지'라고 생각할 수 있지만 현실은 그렇지 않습니다. 그러한 예상은 일자리가 고정적으로 보장되어야 가능한데, 일자리가 지금과 같은 양으로 유지될지는 알 수 없기 때문입니다. 전문가들은 생산 가능 인구가 줄어들고 저출산 현상이 지속되면 노동력이 계속 부족해지고, 이에 따라 소비가 줄면서 노동 수요도 줄어들 것이라고 경고합니다. '노동 수요'란 일정 기간 기업에서 고용하고자 하는 노동의 양을 뜻하는데, 결국은 일자리와 비슷한 말이지요. 여기에 인공지능 등 4차 산업혁명으로 기존 일자리까지 줄어들 거라는 전망마저 더해지면 인구 감소가 꼭 일자리 보장을 의미하지는 않는다고 말합니다. 게다가 인구 감소에 따른 불황까지 겹치면 일자리 경쟁은 더 치열해질 수밖에 없습니다.

출산율이 급격히 떨어지고 20대 인구는 해마다 줄어드니 청년 실업이 아니라 노동력 부족을 걱정해야 한다는 말이 있습니다. 이와 동시에 조만간 취업 걱정이 없는 세대가 등장한다는 이야기도 들려옵니다. 그런 말을 들으면 "나 때는 회사를 골라 갔다"는 윗세대 경험담을 부러워할 필요가 없고, 지원만 하면 '합격'이라는 두 글자를 쉽게 볼 수 있는 세상을 꿈꿔 볼 법도 합니다. 그런데 그 말만 믿고 '10년 뒤에는 기업에서 나를 모셔 갈 테니 그냥 놀아야겠다'라고 생각하면 엄청난 착각입니다. 앞서 말한 것처럼 직업의 형태가 180도 달라지기 때문입니다. 10년 후 20대가 현재의 20대보다 취업 걱정이 덜하지는 않을 겁니다. 지금보다 더 다양한 종류의 고민거리와 마주하게 될 테니까요.

반대

"인구가 줄어들수록
경제에 긍정적 영향을 미친다"

---

1. 우리나라는 영토 면적에 비해
인구가 너무 많다

우리나라 인구는 1970년에 3,224만 명이었는데 2023년에는

5,171만 명으로 약 2,000만 명이나 늘어났습니다. 우리나라와

국토 면적이 비슷한 포르투갈 인구 약 1,000만 명의 다섯 배에

달하는 수치이지요. 영토 규모에 비해 우리나라에 얼마나 많은

인구가 살고 있는지 다른 나라와 비교해 볼까요?

이웃 나라인 일본은 우리나라보다 면적이 3.4배 크고 인구는 2.5배 많습니다. 같은 면적에 훨씬 더 적은 인구가 살고 있는 것이지요. 세계에서 네 번째로 영토가 큰 중국은 어떨까요. 우리나라보다 규모는 95.7배 큰데 인구는 27.2배입니다. 그 차이가 엄청나지요? 세계에서 세 번째로 크고, 세 번째로 인구가 많은 미국과 비교해 봅시다. 미국은 우리나라보다 98.1배나 큰데 인구 차이는 겨우 6.4배밖에 나지 않습니다. 이러한 사례만 봐도 우리나라는 영토에 비해 인구가 많고 인구밀도도 매우 높은 나라입니다. UN의 최근 자료를 보면 우리나라의 인구밀도는 세계 25위로 매우 높습니다. 이 순위에는 1위 마카오, 2위 모나코, 3위 싱가포르처럼 도시국가도 포함되어 있습니다. 우리보다 상위에 있는 나라 가운데 유일하게 영토가 크며 인구가 많은 국가는 방글라데시 단 한 곳밖에 없습니다.

이렇게 좁은 땅에 많은 인구가 살고 있으니 경쟁이 치열해지고 주택 문제 등 갖가지 어려움이 생길 수밖에 없습니다. 그동안 너무 많은 인구가 답답하게 살았으니, 인구가 감소하면 조금 더 여유가 생길 것입니다.

2. 인구 감소는
환경 수용력을 개선한다

일본의 인구문제 전문가는 "인구가 줄어들면 환경 수용력이 좋아져서 인간이 사는 데 최적의 환경이 만들어질 수 있다"고 말했습니다. 대량생산, 대량소비를 모델로 한 세계 자본주의는 없어지고 자기가 쓸 물건을 스스로 만들어 사용하는 작은 공동체 사회가 찾아온다고도 주장합니다.

자본주의는 대량생산-대량소비-대량폐기를 부추기지요. 필요한 것보다 많이 만들어 소비를 부추기고, 몇 번 사용하지도 않고 유행이 지나면 쉽게 버립니다. 이러한 일상의 순환고리를 끊으면 과도한 생산으로 인해 나타났던 탄소 배출량과 폐기물이 감소하여 환경 오염도 줄어들 것입니다. 또한 더 많은 것을 만들어 내느라 오래 일하면서 돈과 시간적 여유 없이 허덕이는 지금과 달리 개인의 행복에 집중할 수 있는 여건이 만들어질 것입니다. 정말로 그렇게 된다면 인류는 보다 깨끗하고 쾌적한 지구에서 행복하게 살아갈 수 있겠지요. 인구가 줄어들어 환경 수용력이 개선되면 그만큼 개인의 행복도 증진됩니다.

3. 인구가 많아질수록
궁핍해진다는 설명은 틀렸다

"덮어놓고 낳다 보면 거지꼴을 못 면한다." 1960년대 한국의 출산율을 줄이기 위해 만들어 배포한 표어입니다. 당시는 전쟁 후 인구는 급증하는데 식량과 각종 물자가 부족해서 '맬서스의 함정'에 갇힌 상황이었죠. 하지만 우리나라에는 현재 정반대 상황이 나타나고 있습니다. 맬서스는 인구가 두 배로 늘어나는 데 25년이 걸린다고 했지만, 우리나라는 1960년 2,500만 명에서 2012년 5,000만 명이 되기까지 50년이 넘게 걸렸습니다. 오히려 지금은 인구 감소가 걱정인 상황입니다.

식량문제는 어떨까요? 전쟁 직후에는 절대 빈곤으로 굶어 죽는 사람도 있었지만, 현재는 맛 좋고 질 좋은 음식을 찾아 먹을 정도로 풍요로워졌습니다. 먹을 것이 없어서 문제가 아니라 너무 많아서 건강을 걱정해야 할 상황입니다. 이는 기술 발전으로 과거보다 적은 토지 면적에서 얻을 수 있는 식량이 늘어났고, 유통과 무역이 활발해지면서 각종 자원을 손쉽게 구할 수 있게 된 덕분입니다.

하지만 유엔 「2022 세계 인구 전망」에 따르면, 주요 선진국과 달리 아시아와 아프리카 대륙에서는 인구가 증가하면서 세계 인구가 80억 명을 돌파했습니다. 2050년을 기점으로 아시아의 인구 증가는 정체되지만, 아프리카의 인구는 계속 증가해서 현재 12억 명에서 2100년 34억 명으로 세 배 가까이 증가할 것으로 내다보고 있습니다. 이에 힘입어 2050년에는 세계 인구가 97억 명에 도달한다고 합니다. 맬서스가 이를 본다면 이러한 추세가 지속될 경우 결국 식량이 부족해질 거라고 주장하겠죠. 하지만 맬서스의 예측이 이미 틀렸듯이, 앞으로 닥칠 인구 감소나 인구 증가 문제를 인류가 어떻게 극복할지는 지켜봐야 합니다.

4. 가난할수록
출산율이 높다

오늘날 세계 인구에서 가장 큰 비중을 차지하는 아시아의 자녀 수는 이미 감소하기 시작했습니다. 유럽에서도 이민자의 유입은 증가하고 있지만, 아이를 양육하는 젊은 층이 계속해서 줄어들면서 전체 인구는 감소하고 있습니다. 경제력이 뒷받침되는 국가는 상대적 차이는 있지만 대부분 출산율 저하를 겪고 있는 것이 현실입니다.

2022년 2.3명으로 집계되는 세계 합계출산율은 21세기 말에 두 명까지 줄어들 것입니다. 현재 인구를 장기적으로 유지하는 데 필요한 출산율인 대체출산율은 2.1명인데, 경제협력개발기구OECD 38개국 중 합계출산율이 2.1명을 넘는 국가는 이스라엘이 유일합니다. 반대로 합계출산율 상위 20개국을 보면 모두 경제력이 매우 떨어지는 아프리카 국가이지요. 2015년~2020년 기준 4.4명으로 합계출산율이 세계 평균인 2.4명보다 훨씬 높은 아프리카도 2100년에 이르면 2.2명으로 줄어들 것으로 보인다고는 하지만, 지금까지의 객관적인 현실을 보면 인구가 줄어들수록 경제가 어려워진다는 주장을 받아들이기에는 무리가 있어 보입니다.

사회자

이손해

김이득

안녕하십니까. 오늘 저희 '인구 위기' 토론반에서는 '인구가 줄어들수록 경제가 어려워질까?'라는 주제로 이야기를 나누어 보려 합니다. 낮은 출산율로 인한 고민은 우리나라만의 이야기가 아닙니다. 유럽 선진국은 일찌감치 겪었고 세계 인구에서 가장 큰 비중을 차지하는 아시아의 자녀 수도 줄어들기 시작했습니다. 경제력이 뒷받침되는 국가는 상대적 차이는 있지만 대부분 출산율이 떨어지고 있죠. 이렇게 세계 인구가 줄어드는 건 자연스러운 현상이고 부정적으로만 볼 일이 아니라는 주장이 있습니다. 인구가 줄어들면 환경 수용력이 좋아져 최적의 사회가 될 수 있다는 것이지요. 하지만 계속해서 인구가 감소하면 지방 중소도시가 사라지고 양질의 일자리가 줄어든다는 주장도 있습니다. 이에 대해 오늘 참석해 주신 이손해 씨와 김이득 씨의 토론을 들어 보겠습니다.

영국의 경제학자 맬서스는 인구 증가 속도가 식량 생산 속도를 초과해서 결국 인류가 절대적 빈곤에 빠질 것이라고 주장했습니다. 하지만 맬서스의 예측은 틀렸지요. 우리나라는 전쟁 직후에는 절대 빈곤으로 굶어 죽는 사람도 있었지만, 현재는 너무 많이 먹어서 탈일 정도로 풍요로워졌습니다. 기술과 무역의 발전으로 식량 생산량이 늘어나고 식량을 구하기도 편리해졌기 때문입니다. 인구의 증가 속도보다 식량 생산 속도가 훨씬 빠르기 때문에 현재는 인구 감소를 걱정해야 할 때입니다. 노동력이 충분해야 계속해서 경제적 발전을 이룰 수 있기 때문이지요.

인구 감소는 걱정하지 않아도 됩니다. 인구가 줄어들면 환경 수용력이 좋아져서 살기가 더 좋아질 겁니다. 상품을 많이 생산해서 소비할 필요가 없고, 필요한 만큼만 생산하고 소비하면 자원도 그만큼 효율적으로 사용할 수 있습니다. 탄소 배출량도 줄어들고 쓰레기도 줄어들겠지요. 여러모로 환경이 개선되는 것입니다. 과도한 경쟁도 줄어들 겁니다. 노동 시간은 줄어들고, 시간적 여유가 생겨서 개인의 행복에 집중할 수 있는 환경이 만들어질 겁니다. 이런데도 인구 감소가 나쁘다고 할 수 있을까요?

너무 미래를 낙관적으로 보는 것은 아닐까요? 인구가 감소하는 우리나라 중소도시를 한번 봅시다. 젊은이들이 엄청나게 빠른 속도로 대도시로 이동하고 있지요. '지방 소멸'이라는 암울한 표현까지 나온 상황입니다. 인구밀도가 줄어드니 지방의 환경 수용력이 좋아진 것일 텐데 지방에서 살기가 힘들어졌다고들 말합니다. 환경 수용력이 좋아지면 살기 좋아져야 할 텐데 말이지요. 사람이 어느 정도 있어야 학교나 병원 등 필수적인 인프라도 운영될 수 있는데 지금 지방은 그마저도 제대로 운영 못 하는 상황입니다. 아기 울음소리는커녕 대낮에도 인적을 찾기 힘든 유령도시가 되어 가고 있는 지방을 보면 인구 감소를 걱정하지 않을 수 없습니다. 국가나 경제 발전 측면에서 봐도 결코 긍정적인 현상이라고는 할 수 없지요.

 우리나라의 지방을 이야기했는데 세계로 시선을 돌려보면 어떨까요? 현재 경제력이 뒷받침되는 국가는 대부분 출산율이 낮습니다. 유럽 등은 아주 오래전부터 출산율 저하와 인구 감소 문제에 시달려 왔지만 그래서 유럽의 경제가 현재 위험한 수준인가요? 오히려 경제적으로 낙후된 곳의 출산율이 높고 인구 증가율이 높습니다. 인구가 감소한다고 해서 살기 어려워지고 경제가 성장하지 않는 건 아닙니다. OECD 38개국 중 합계출산율이 대체 출산인 2.1명을 넘는 국가는 이스라엘이 유일합니다. 반대로 합계출산율 상위 20개국을 보면 모두 경제력이 매우 떨어지는 아프리카 국가들입니다. 이를 보면 인구가 줄어든다고 해서 살기 어려워지고 경제가 팍팍해진다는 것은 어불성설입니다.

그렇지만 인구가 감소하면 삶에 여유가 생기고 경제가 좋아진다는 근거는 없습니다. 인구가 줄어들면 일할 사람이 줄어드는 것이니 당연히 일자리가 늘어나고 경쟁이 줄어든다고 생각할 수 있지만 그건 오산입니다. 그건 지금의 일자리가 그대로 유지된다는 가정 아래에서만 가능한 전망입니다. 특히 우리나라는 현재도 청년을 위한 양질의 일자리가 부족하고, 대기업과 중소기업 간 임금 격차가 큽니다. 게다가 일하는 청년 세 명 중 한 명이 비정규직입니다. 비정규직은 정규직보다 임금을 적게 받는 데다가 언제 잘릴지 몰라 미래에 대한 불확실성이 커서 심리적으로 불안할 수밖에 없습니다. 인구가 감소한다고 해서 이러한 상황이 개선될까요? 그럴 가능성은 크지 않아 보입니다. AI 등의 발전으로 지금 있는 일자리도 줄어들 거라는 전망이 우세한 상황인데 말이지요.

우리나라는 영토 규모에 비해 인구가 많습니다. 중국, 미국과 비교해도 영토 대비 인구가 많아서 인구밀도가 매우 높습니다. UN의 최근 자료를 보면 우리나라의 인구밀도는 세계 25위로 매우 높은데 우리보다 상위에 있는 나라 중 영토가 크면서 인구가 많은 국가는 방글라데시 단 한 곳밖에 없습니다. 이런 상황에서 인구가 줄면 인구밀도가 낮아져서 에너지 문제나 환경문제에 대응하기 쉬울 것입니다.

네, 긴 시간 함께해 주신 두 분께 감사드립니다. 이제 마칠 시간이 되었는데, 두 분 마무리 발언 해주시죠.

인구가 줄어들면 노동력이 줄어들고, 결국 생산이 줄어들 수밖에 없습니다. 생산이 줄어들면 경제가 발전할 여력도 줄어들지요. 이는 유령도시로 변해 가고 있는 지방 중소도시를 보면 잘 알 수 있습니다. 인구가 감소하면 국가 경쟁력이 떨어지고 균형 발전도 이룰 수 없습니다.

 인구가 줄어들면 환경 수용력이 좋아져서 살기에 좋은 환경이 만들어질 것입니다. 더 적게 생산하고도 건전한 경제 발전을 이룰 수 있습니다. 필요한 만큼 생산하고 그로 인해 환경이 개선된다면 그것을 두고 경제가 어려워졌다고 말하기는 어려울 것입니다. 오히려 낙후된 가난한 나라의 인구만 늘고 있다는 것만 봐도 인구가 감소하면 경제가 어려워진다는 주장에는 신빙성이 떨어집니다.

1. 책의 내용을 보며 다음 빈칸을 채워 보자.

- (   )은/는 특정 지역에서 특정 종이 유지될 수 있는 개체수의 상한을 의미한다.

- (   )은/는 인구는 기하급수적으로 늘어나고 식량 생산은 산술급수적으로 늘어나서 인구 증가가 식량 공급을 늘 앞지르기 때문에 인구 증가를 억제하지 않으면 평균적인 사람들의 삶의 질은 개선될 수 없다는 비관적인 경제학 가설이다.

- (   )은/는 일정한 면적 안에 얼마나 많은 인구가 있는지를 의미한다. 같은 면적에 많은 사람이 살면 (   )가 높다고 말하고, 같은 면적에 사람이 적게 살면 (   )가 낮다고 말한다.

2. 토론 내용을 보고 찬성과 반대 입장의 주장과 그 근거를 간단히
   정리해 보자.

- 인구가 줄어들수록 경제가 어려워질까?

- 찬성

- 반대

3. 인구 감소가 경제에 미치는 영향에 대해 나의 생각을 정리해 보자.

· 나는 인구 감소가 경제에 미치는 영향에 대해

라고 생각한다.
왜냐하면

인공지능이
인구문제를
해결해 줄 수 있을까?

인공지능이
인구문제를 해결해 준다

인공지능은
인구문제를 악화시킨다

올해 4월, 크리에이터 플랫폼인 팬뷰에서 세계 최초의 인공지능 미인대회를 개최했습니다. 상금은 총 2만 달러로, 1,500명이 지원할 정도로 반응이 뜨거웠습니다. 그리고 6월, 최종 결선에 오른 열 명의 후보가 공개되었고 실제 사람이라고 해도 믿을 만큼 자연스럽고 매력적인 모습은 놀라움을 안겨 주었습니다.

인공지능으로 연예인의 목소리를 흉내 낸 커버 곡을 듣거나 오래된 사진이나 영상을 복구하는 등 4차 산업혁명이 우리의 일상 안에서 일어나고 있습니다.

그만큼 일상은 편리해졌지만, 이로 인한 일자리 걱정이 끊이질 않습니다. 2023년 마이크로소프트가 전 세계

30여 개국 3만 명을 대상으로 한 설문 조사에서도 절반에 가까운 응답자가 'AI가 일자리를 대체할까 봐 두렵다'라고 답했습니다. 그러나 전문가들은 다른 말을 합니다. 일자리가 오히려 늘어나고 긍정적인 측면이 있을 것이라고 예상합니다. 『인구 쇼크』라는 책으로 유명한 앨런 와이즈먼은 인구 감소로 인한 노동력 부족은 인공지능과 로봇으로 해결하고 정년을 연장하면 오히려 경제활력을 유지할 수 있다고 말합니다.

인공지능이 정말 인구문제를 해결해 줄 수 있을까요? 인구 감소라는 사회 현상과 맞물려서 인공지능은 우리의 직업에 어떤 영향을 미치게 될까요?

사람처럼 학습하고 생각하는 인공지능의 출현

스티븐 스필버그 감독의 〈A.I.〉나 윌 스미스가 출현한 〈아이, 로봇〉 같은 영화를 아나요? 인공지능 바둑 프로그램인 알파고 AlphaGo가 등장하기 전까지 인공지능 분야는 영화나 소설의 단골 소재로 쓰였습니다. 마치 우리와 상관없는 공상과학에니 등장하는 기술쯤으로 여겨졌지요. 그러다가 이세돌 9단과 알파고의 바둑 대결로 인식이 바뀌었습니다. 사실 이 대국은 구글이 알파고를 홍보하기 위해 마련한 자리였습니다. 그 결과는 우리 모두가 알 듯 대성공이었지요. 이 대국으로 구글은 인공지능이 어디까지 발전했는지를 증명하며 새로운 세상의 도래를 전 세계인에게 각인시켰습니다.

인공지능은 인간의 지능과 유사한 방법으로 학습하고 사고하고 행동할 수 있는 컴퓨터 시스템을 뜻합니다. 사실 인공지능은 최근에 만들어진 기술이 아닙니다. 1950년대 중반부터 일찌감치 연구가 시작됐습니다. 하지만 당시 인공지능은 한계가 많았기 때문에 그다지 주목을 받지는 못했습니다. 그 상황을 바꾼 것이 바로 딥러닝Deep Learning이라는 학습법입니다. 딥러닝은 인간의 두뇌 작동 방식을 흉내 낸 학습법으로, 인공 신경망Artificial Neural Network을 활용하여 데이터에서 복잡한 패턴을 학습하는 방식을 뜻합니다. 인공 신경망은 입력층과 은닉층, 출력층으로 이루어지는데 입력층은 데이터를 받아들이는 역할을 하고 출력층은 생성된 값을 외부로 출력하는 역할을 합니다. 은닉층은 입력층과 출력층과만 교류를 하고 외부와는 교류를 하지 않기 때문에 이러한 이름이 붙었으며, 은닉층이 두 개 이상일 때부터 '깊다'라고 표현합니다. 그래서 '딥러닝'이라고 표현하는 것이지요.

우리 생활 속의 인공지능을 찾아볼까요? 스스로 온도를 조절하고 유통기한을 알려 주는 스마트 냉장고, 주인이 없는 사이 구석구석 청소하는 로봇 청소기, 스스로 운전하는 자율주행차까지. 이렇게 인공지능 덕분에 우리 삶이 크게 변화하고 있습니다.

인간과 인공지능의 경계가 무너지고 있다

초기 인공지능은 체스에서 인간을 이기거나 퍼즐을 푸는 등 여러 가지 성과를 보여 주었지만, 그것만으로 지능이 있다고 할 수 있는지 사람들은 의문을 품었습니다. 인공지능은 컴퓨터 시스템이기 때문에 인간이 따라잡을 수 없을 정도로 계산을 잘합니다. 하지만 인간은 처음 만난 사람도 '이 사람은 눈이 크고 코가 오뚝하구나' 하고 특징을 찾아서 인식할 수 있는 데 반해 인공지능은 사람의 얼굴을 구분하거나 말을 알아듣고 언어를 번

역하는 등의 보고 듣고 말하는 감각적인 문제는 어려워했습니다. 시간이 갈수록 인간에게 간단한 일을 인공지능은 어려워한다는 것이 점점 분명해졌지요. 이것을 '모라벡의 역설'이라고 합니다. 1970년대 미국의 로봇 과학자인 한스 모라벡은 "어려운 일은 쉽고, 쉬운 일은 어렵다"라는 표현으로 컴퓨터와 인간의 능력 차이를 역설적으로 표현했습니다.

그런데 요즘에는 인공지능의 영역이 확장되고 있는 것 같습니다. 인간의 영역이라고만 여겼던 창작의 영역에서까지 인공지능의 도움을 받고 있기 때문입니다. 그림을 그려 주는 달리와 노벨, 영상 제작을 도와주는 카이버, 작곡 AI 에이바와 사운드 로우까지, 이미 많은 사람이 인공지능의 도움을 받고 있습니다. 그중에서 가장 유명한 AI는 대화형 인공지능인 챗GPT입니다. 챗GPT는 뉴스에도 심심찮게 등장하는데요. 콜롬비아의 한 판사는 챗GPT로 판결문을 썼다고 실토했고, 미국의 하원의원 제이크 오친클로스는 의회 연설문을 챗GPT로 작성했습니다. 심지어 챗GPT에게 로스쿨 졸업시험과 의사 면허시험을 보라고 시켰더니 평균 C$^+$ 이상의 학점을 받고, 50% 이상의 정확도로 문제를 맞히며 의사 면허시험에 합격하는 똑똑한 모습까지 보여 주었습니다.

인공지능이 불러일으킨 일자리의 변화

프로그래밍 기술과 컴퓨터의 성능이 점점 발전하면서 지금까지 인간이 해오던 일의 일부를 인공지능을 갖춘 기계에 맡기려는 연구가 진행되고 있습니다. 예를 들어 '이상한 일이 일어나면 사람에게 알리는 일'과 '같은 작업을 반복하는 일' 등을 인공지능이 대신하는 것입니다.

구체적으로 감시와 경비 일을 예로 들어 볼까요? 현재는 감시 카메라의 영상을 지켜보거나 건물 내부를 순찰하는 일을 사람이 하지만 앞으로는 인공지능이 대신할 것입니다. 그러다가 문제가 발생하면 인공지능이 경비원에게 알리는 것이지요. 그밖에도 가게에 진열된 상품 수량을 관리하고, 재고가 적은 상품을 채워 넣는 일도 인공지능이 맡을 것으로 예측됩니다.

한편, 인공지능이 아무리 똑똑해도 맡길 수 없는 일이 있습니다. 회사의 경영자가 되어 판단을 내리는 일이나 의사, 교사 등 사람을 대하는 일입니다. 책임이 따르는 일이나 윤리적인 문제가 생길 수 있는 영역은 사람을 대체할 수 없습니다.

그렇다면 앞으로 어떤 일자리가 늘어날까요? 앞으로는 거의 모든 기계에 인공지능이 탑재되면서 데이터 과학자, 인공지능 엔지니어, 로봇공학자처럼 인공지능 기계를 설계하고 적용, 점검, 수리하는 일자리가 늘어날 것입니다.

✅ **인공지능**AI 인간의 지능이 갖는 학습, 추리, 적응, 논증 따위의 기능을 갖춘 컴퓨터 시스템을 말한다. 인공지능의 '인공人工, artificial'은 '인간이 만들었다'는 뜻이고, '지능知能, intelligence'은 '학습하거나 경험한 것을 바탕으로 목적을 위해서 생각하는 능력'을 뜻한다는 데서 인공지능이 무엇인지 바로 짐작할 수 있다.

✅ **4차 산업혁명** 정보통신 기술의 융합으로 이루어지는 산업혁명을 뜻한다. 정보통신 기술은 인공지능, 빅데이터, 인터넷 네트워크 등을 만나면서 폭발적으로 성장했다. 이러한 정보통신 기술이 다른 산업과 결합하면서 4차 산업혁명이 일어나고 있다.

✅ **챗GPT** 오픈에이아이Open AI라는 회사가 개발한 대화 전문 인공지능 챗봇이다. 'GPT'는 'Generative Pretraining Transformer'의 줄임말로 'Generative'는 생성을, 'Pretraining'은 사전 학습을, 'Transformer'는 변형을 의미한다. 즉 'GPT'는 사전에 학습된 데이터를 바탕으로 새로운 정보를 생성하거나 변형하는 기능을 의미한다. 여기에 채팅, 대화를 의미하는 챗Chat이 붙었으니 대화를 통해 결과를 받아 낼 수 있다. 챗GPT를 비롯한 고성능 챗봇이 등장하면 숙제나 리포트로 점수를 매기는 방식이 사라질 것이라고 예측하기도 한다.

✅ **딥러닝** 컴퓨터가 스스로 외부 데이터를 조합, 분석하여 학습하는 기술. 지금까지의 인공지능 기술과 달리 특징을 보고 대상을 구별할 수 있다. 이전의 인공지능은 동영상을 구분하기 위해서 인간의 얼굴이나 물건의 형태를 통째로 암기해야 했지만, 딥러닝은 그 특징만 파악하는 학습을 한다. 영상 인식, 음성 인식과 같은 다양한 분야에 퍼져 있으며, 이를 이용해 완전한 자율주행차나 인간과 자연스럽게 대화할 수 있는 로봇들이 개발되고 있다.

"인공지능이
인구문제를 해결해 준다"

1. 기술혁신으로
노동력 부족을 해결할 수 있다

인구의 규모는 생산과 소비에 큰 영향을 미칩니다. 그래서 인구가 줄어들면 경제 활력이 떨어지고 GDP도 줄어들지요. 이때 기술혁신은 유력한 대안이 되어 줍니다. 인구 감소에 맞선 인공지능의 활약이 주목되는 이유입니다.

예를 들어 인공지능 기술을 활용한 스마트 공장에서는 생산

과정이 자동화되고 관리도 효율적으로 할 수 있습니다. 이를 통해 생산성 향상과 경제적 이익을 꾀할 수 있지요. 인구가 늘어나면서 경제가 성장하는 것을 '인구 보너스Bonus'라고 하고, 반대로 인구가 감소하면서 나타나는 저성장을 '인구 오너스Onus'라고 합니다.

유엔 「2022 세계 인구 전망」에 따르면 전 세계의 생산 가능 인구 비중은 2072년에 61.2%로 정점을 찍고 하락하기 시작합니다. 생각보다 그리 먼 미래의 이야기가 아니죠. 세계 2위의 인구 대국인 중국마저 인구 오너스 시대를 맞이하고 있습니다. 로봇과 AI에 대한 집중적인 투자와 개발은 이러한 시대적 변화와도 맞닿아 있습니다. 로봇과 인공지능이 줄어든 인구 대신 노동을 함으로써 인구를 부양할 것으로 예상되기 때문입니다.

과거에는 사람이 나누어서 하던 일을 이제는 로봇화, 자동화가 맡고 있습니다. 하드웨어는 로봇, 소프트웨어는 인공지능이 맡아 단순한 사무 업무에서 고차원적인 작업까지, 삽시간에 일상에 파고들어 우리 생활을 뒤바꾸고 있습니다. 무인 매장, 무인 공장, 무인 운전 등의 자동화 기술이 일상화되며 전에 없던

제품과 서비스를 저렴하게 사용할 수 있게 되었습니다. 그리고 앞으로 이러한 변화는 더욱 빠르고 강력하게 우리 삶 속으로 파고들 것입니다. 기술이 혁신을 만나면 혁명이 됩니다. 이 혁신은 줄어든 노동 인구를 대신해서 인류에 풍요를 가져다줄 것입니다.

2. 고령화 사회에서 삶의 질을 높여 준다

영화 <로봇 앤 프랭크>는 인간을 도와주는 가정용 로봇이 보편화된 미래를 배경으로 합니다. 영화 속 주인공인 프랭크는 외롭게 홀로 사는 노인으로, 아들이 보내 준 가사 도우미 로봇 덕분에 조금씩 삶의 생기를 되찾습니다.

이 영화에서처럼 AI나 로봇이 고령화 사회에서 긍정적인 기능을 수행하는 사례는 많습니다. '노인 대국' 일본만 봐도 노인들에게 말동무를 해주고 체조를 돕는 로봇이나 간병 서비스를 지원하는 로봇, 노인의 신체 강화를 돕는 인공지능 시스템이 노인 복지시설에서 많이 사용되고 있습니다. 또한 스마트 워치나 센서를 통해서 심박수, 혈압, 체온 등의 생체 신호를 실시간으로 모니터링하고, 노인의 건강 상태를 파악합니다. 심각한 상황이 발생하기 전에 미리 경고를 보내 적절한 조치를 취할 수 있도록 도와주고, 잠재적인 위험 상황을 예방할 수 있도록 건강을 관리해 줍니다.

이처럼 앞으로 AI, 사물인터넷IoT, 증강현실 등의 정보통신 기술이 고령화 시대의 사회적 요구에 반응하면서 관련 산업을 발전시키는 연결 고리가 될 가능성이 큽니다. 일본뿐 아니라 고령화를 겪는 독일, 한국 등은 인공지능 산업에 많은 투자를 하고 있습니다. 예를 들어 로봇 의료 도우미나 인공지능 기반의 홈 케어 시스템은 노인 건강 관리와 돌봄을 지원할 수 있습니다. 이는 일부 노동력 부족을 대체하는 동시에 노인들의 삶의 질을 높여 줄 수 있는 방안입니다.

3. 다양한 직업이
새롭게 생겨난다

우리는 이미 인공지능과 더불어 4차 산업혁명 시대를 살아가고 있습니다. 스마트폰 속의 AI 비서나 AI 스피커는 이제는 일상이 되었고, 카페나 공항에서는 서비스 로봇을 쉽게 접할 수 있지요. 4차 산업혁명에서는 인간을 중심으로 현실과 가상이 융합됩니다. 이러한 변화로 인해 새로운 산업과 비즈니스가 등장할 것이고, 현재는 존재하지 않는 다양한 직업이 생길 것입니다. 인공지능 로봇을 개발하는 로봇 공학자, 가상현실 콘텐츠를 기획하고 만드는 가상현실 전문가, 스마트 서비스를 개발하는 사물인터넷 전문가 등의 직업을 예로 들 수 있습니다.

2023년 4월 세계경제포럼WEF의 발표에 따르면 AI 도입으로 인해 데이터 분석가 및 과학자, 기계학습 전문가, 사이버 보안 전문가 등의 고용이 향후 5년 동안 30% 증가할 전망이라고 합니다. 미래 직업은 육체적 능력이나 콘텐츠 기술, 컴퓨터 프로그래밍 등의 기술적 능력, 사회적 기술, 프로세스 기술, 시스템 기술을 더 필요로 할 것으로 봤는데요. 따라서 소프트웨어 개발과 빅데이터 분석, 로봇 관리, 콘텐츠 기획 등의 고급 직종에서는 더 많은 사람을 필요로 할 것입니다. AI가 대신할 수 없는 감성, 배려 등의 사회성이 필요한 직업과 인간에 대한 종합적인 이해가 필요한 서비스 직종에서도 마찬가지고요.

"인공지능은
인구문제를 악화시킨다"

1. 우리의 일자리를
빼앗길 수 있다

인공지능이 인간의 능력을 뛰어넘는 시대가 오면 미래가 어두워질 것이라는 예측이 많습니다. 그중 가장 대표적인 것이 기술이 인간의 노동을 대체하기 때문에 인간이 설 자리가 그만큼 줄어든다는 걱정입니다. 특히 과거의 기술이 인간의 신체를 대신하는 수준이었다면 미래의 기술 혁명은 인간의 신체뿐 아니라

의식까지 대체하는 방향으로 진행되고 있어 더욱 두려움을 안겨 줍니다. 이에 테슬라의 CEO 일론 머스크는 "상위 20%의 인간만이 의미 있는 직업을 갖는 20 대 80의 사회가 될 것"이라고 예측한 바 있습니다. 대다수는 실업자로 전락한다는 말이지요. 2023년 WEF도 「일자리의 미래」 보고서에서 '2027년까지 총 1,400만 개의 일자리가 감소할 전망'이라고 부정적인 관측을 내놨습니다.

인공지능의 등장이 저출산과 고령화로 인한 사회 변동과 맞물리면 문제는 더욱 심각해집니다. 저출산으로 생산 가능 인구가 줄어들어 저성장이 굳어지고 한정된 일자리를 두고 세대 간 갈등이 커지는데, 인공지능이 인간의 일자리까지 빼앗는다면 상황은 한층 더 어려워질 것입니다.

2. 인간의 고유 영역이 무너지고 있다

직업이 사라진다는 것은 그 일을 기계가 더 잘할 수 있다는 뜻입니다. 보통 규칙적인 반복 업무는 기계가 더 잘하고 창의적인 아이디어를 생각해 내거나 상대방을 설득하는 일은 사람이 더 잘한다고 생각합니다. 하지만 이제 인간만의 영역이라고 믿었던 그 경계마저 무너지고 있습니다.

한국은행은 2023년 11월에 발표한 보고서에서 인공지능이나 로봇으로 대체되기 쉬운 직업을 발표했는데요. 이 보고서에 따르면, AI 기술로 대체될 가능성이 높은 일자리는 약 341만 개로, 전체 일자리 수의 약 12%입니다. 화학공학 기술자, 발전장치 조작원, 기관사 등이 여기 속합니다. 이런 일자리의 공통점은 대용량 데이터를 엄청난 속도로 처리하는 AI 알고리즘이 사람 대신 해당 공정을 최적화해서 수행할 수 있다는 것입니다. 또한 의사, 회계사, 변호사 등 고소득 전문직도 AI로 대체될 가능성이 높은 것으로 나타났습니다. 법적 책임, 윤리 이슈 등으로 인해 완전히 대체되긴 어렵겠지만, 기술 개발과 그 가능성은 다양한 방법으로 구체화되고 있습니다. 이미 머신러닝Machine Learning 기반의 의료 AI가 전문의 다섯 명이 판독한 것보다 높은 정확도로 질환을 진단하는 데 성공했습니다. 세금 신고를 대행

하거나, 법률 상담 서비스 등을 제공하는 AI 플랫폼은 이미 법적 지위를 인정받았거나, 인정받는 추세에 있습니다.

인간에게 쉬운 것이 컴퓨터나 로봇에겐 어렵고, 반대로 인간에게 어려운 것이 컴퓨터나 로봇에겐 쉬운 현상을 두고 '모라벡의 역설'이라고 하지요. 인간은 이족 보행, 의사소통 등의 행위는 쉽게 할 수 있지만 복잡한 수학적 연산, 대규모 데이터 분석은 하기 어렵습니다. 반면, 컴퓨터는 계산이나 수학적 분석은 빨리 해도 의사소통이나 공감 능력은 떨어지는 것을 그 예로 들 수 있습니다.

그런데 이제 '모라벡의 역설'은 옛말이 되어 가고 있습니다. 로봇이 인공지능과 결합하면서 점차 똑똑하고 정교해지고 있기 때문입니다. 최근에는 로봇이 인간의 신체적 기능을 대신하는 것은 물론 인지능력(지식, 이해력, 사고력, 문제해결력, 창의력 등)의 영역으로까지 넘어오고 있습니다.

3. 일자리 양극화가
극심해진다

AI는 수년 전에도 존재했지만 요즘처럼 화제에 자주 등장하지는 않았습니다. 대부분은 자신의 삶과 관련이 없다고 생각하고 큰 관심을 기울이지 않았지요. 그런데 챗GPT의 출시가 모든 것을 변화시켰습니다. AI와는 전혀 관련 없다고 생각했던 사람들도 사용하기 시작했고 다양한 업무에 활용하고 있습니다. 지금은 챗GPT, 바드, DialoGPT와 같은 대화형 AI 도구를 사용하여 코드부터 디자인 작업물까지 모든 것을 생성합니다. 이러한 도구는 거의 모든 작업을 처리할 수 있는 것으로 보입니다. 문서 작성, 데이터 취합 및 정리 등의 업무를 담당하는 사무직 종사자들은 챗GPT가 사람의 역할을 대신할 것이라는 얘기가 나올 때마다 불안해집니다.

실제 국제노동기구ILO는 2023년 보고서에서 사무 업무 직종은 다른 직종에 비해 업무가 자동화될 확률이 높다고 밝혔습니다. 이 중에서도 타이피스트, 여행 컨설턴트, 은행 창구직원, 호텔 접수 담당자와 비서 등이 가장 위험에 처한 직종으로 드러

났다고 발표했습니다. 인공지능이 일부 사무직 일자리를 빼앗게 되면 새로운 일을 찾을 훈련이 안 된 근로자들은 서빙 등의 저임금 일자리로 이동하게 됩니다. 일자리를 잃은 노동자들이 새로 일자리를 찾더라도 전보다 임금이 낮을 가능성이 크지요. 자동화가 노동자의 임금을 낮출 수도 있습니다. 이렇게 되면, 인공지능을 관리할 수 있는 소수의 엘리트와 로봇이나 인공지능이 하기 어려운 저임금 육체노동 종사자로 일자리 양극화가 심각해질 것입니다.

본격 토론을 해봅시다

사회자   김해결   이위협

안녕하십니까. 오늘 저희 '인구 위기 토론반'에서는 '인공지능이 인구문제를 해결해 줄 수 있을까?'를 주제로 이야기를 나누어 보려고 합니다. 곰탕은 '베어탕bear tang', 육회肉膾는 '식스타임스six times', 동태찌개는 '다이나믹스튜dynamicstew'. 몇 해 전 외국인 관광객이 즐겨 찾는 서울 명동 음식점에 걸린 엉터리 외국인 메뉴판이 네티즌의 실소를 자아냈습니다. 성능이 떨어지는 번역기를 그대로 돌린 탓에 벌어진 참사입니다. 그런데 이런 해프닝은 이제 옛말이 되었습니다. 최근 몇 년 사이에 인공지능이 폭발적인 속도로 발전하면서 정확한 통·번역 기능을 제공하는 서비스와 기기가 쏟아진 덕분입니다. 외국어를 몰라도 스마트폰 번역 애플리케이션만 있으면 이제 해외에서도 웬만한 의사소통은 어렵지 않게 할 수 있게 되었습니다.

이렇게 발달한 인공지능이 인구 감소 문제를 해결해 줄 수 있을까요? 줄어든 노동력을 인공지능이 얼마나 대신할 수 있을까요? 또 인공지능과 로봇이 발달하면 어떤 직업이 미래에 사라지고 살아남을까요? 인공지능의 발달은 희망일까요, 재앙일까요? 오늘 참석해 주신 김해결 씨와 이위협 씨의 토론을 들어 보겠습니다.

 인구는 생산과 소비에 큰 영향을 미칩니다. 인구가 줄어들면 경제가 활력을 잃고 GDP도 줄어듭니다. 이때 인공지능의 발달로 인한 기술혁신은 대안이 되어 줍니다. 무인 매장, 무인 공장, 무인 운전, 키오스크 등 사람의 힘이 필요 없는 자동화 기술은 우리 삶 속에 거침없이 스며들고 있지요. 인공지능 기술은 저출산·고령화에서 비롯되는 많은 문제를 해결하고 인간의 생활을 더욱 편리하게 해 줄 겁니다.

저는 인공지능이 사람의 문제를 해결하기보다 사람의 일자리를 빼앗을 것이라고 봅니다. 2023년 한국은행은 앞으로 우리나라에서 인공지능이 대체할 수 있는 일자리는 전체 일자리의 12% 수준인 약 341만 개에 달할 것이라는 보고를 내놓기도 했습니다. 인공지능의 발달이 저출산·고령화 문제와 맞물리면 상황은 더 심각해집니다. 저출산으로 인해 생산 가능 인구가 줄어들면 성장이 둔화되어서 일자리가 줄어들 텐데, 일자리를 빼앗는 인공지능의 등장은 상황을 더욱 심각하게 만들 것입니다.

인공지능이 일자리를 빼앗는 것만은 아닙니다. 인공지능으로 인해 새로운 일자리가 생겨나기도 하니까요.

2023년 4월 WEF의 발표에 따르면 AI 도입으로 인해 데이터 분석가 및 과학자, 기계학습 전문가, 사이버 보안 전문가 등의 고용이 향후 5년 동안 30% 증가할 전망이라고 합니다.

하지만 인공지능이 창출해 낼 새로운 일자리는 고도의 기술이 필요한 직종입니다. 고도의 기술을 필요로 하지 않는 일자리는 기계로 대체될 수 있습니다. 인간에게 쉬운 것이 컴퓨터나 로봇에겐 어렵고, 반대로 인간에게 어려운 것이 컴퓨터나 로봇에겐 쉽다는 '모라벡의 역설'은 이제 옛말이 되었습니다. 로봇이 인공지능과 결합하면서 점차 똑똑해지고 정교해지고 있기 때문입니다. 최근에는 로봇이 인간의 신체적 기능을 대신하는 것을 넘어 인간만의 영역이라고 믿었던 화가, 작곡가, 상담사, 기자 등의 영역으로까지 진출하고 있습니다. 이렇게 인공지능과 사람의 경계가 무너지면 일부 직업만 살아남을 것입니다.

인공지능이 일부 일자리를 대체한다고 해도, 전체 인류의 풍요에 기여할 것이 확실합니다. 인공지능 기술을 활용한 스마트 공장은 생산 과정 자동화와 효율적인 관리로 더 큰 이익을 만들어 낼 수 있습니다. 결국 인구가 줄어든다고 해도 노동 생산성이 높아진 로봇과 인공지능이 사람들을 먹여 살릴 겁니다. 로봇과 AI가 인구 감소로 인한 저성장 시대를 타개해 나갈 핵심 기술이 되는 것이지요.

또한 4차 산업혁명으로 새로운 산업과 비즈니스가 등장하고 현재는 존재하지 않는 다양한 직업군도 생겨날 것입니다. 미래 직업은 육체적 능력이나 콘텐츠 기술, 기술적 능력, 사회적 기술, 프로세스 기술, 시스템 기술이 더 필요할 것으로 전망되고 있고, 소프트웨어 개발과 빅데이터 분석, 로봇 관리, 콘텐츠 기획 등 전문 영역에서는 인력 수요가 더욱 증가할 것입니다.

그뿐이 아닙니다. 고령화 사회에서도 인공지능과 로봇은 긍정적인 기능을 수행합니다. '노인 대국' 일본의 사례를 볼까요. 노인 복지시설에서 노인에게 말동무가 되어 주거나 체조를 돕는 로봇, 신체 강화를 돕는 운동 보조 기능이 탑재된 인공지능 시스템을 볼 수 있습니다. 앞으로 AI, 사물인터넷, 증강현실은 고령화 관련 산업을 발전시키는 연결 고리가 될 것입니다. 로봇 의료 도우미나 인공지능 기반의 홈 케어 시스템은 고령자의 건강을 관리해 주고 돌봄을 지원할 수 있지요. 인공지능은 노동력 부족을 대체하면서 노인 복지를 획기적으로 개선할 수 있는 대안입니다.

인공지능의 활용이 사회에 긍정적인 영향을 미치는 부분이 있다는 것은 알겠습니다. 하지만 현재 인공지능의 발달 속도와 수준은 상상 이상입니다. 인공지능은 수년 전에도 존재했지만 지금처럼 강력하고 깊숙하게 우리 삶에 들어온 적은 없었습니다. 다들 AI에 대해 말하고 이것이 내 삶에 어떤 영향을 끼칠지 노심초사하고 있죠. 챗GPT를 비롯한 대화형 AI가 모든 것을 변화시키고 있기 때문입니다. 챗GPT가 사람의 역할을 대신할 것이라는 이야기가 나올 때마다 사무직 종사자들은 불안에 떱니다.

실제로 2024년 산업연구원의 보고서에 따르면 국내에 인공지능으로 대체될 수 있는 일자리는 327만 개이고 그중 60%는 과거와는 달리 전문직에 집중될 거라는 전망도 있습니다. 이렇게 계속해서 인공지능이 발전하면 노동자들은 불안에 시달릴 수밖에 없습니다. 인공지능이 사무직 일자리를 없애고, 결국 일자리는 인공지능을 관리하는 소수 엘리트 그리고 로봇이나 인공지능이 하기 어려운 저임금 육체노동 종사자로 양극화될 수 있습니다.

네, 긴 시간 함께해 주신 두 분께 감사드립니다. 이제 마칠 시간이 되었는데, 두 분 마무리 발언 해주시죠.

인구가 감소하면 경제 활력이 떨어지고 국가의 부도 줄어듭니다. 인공지능의 발달로 인한 기술혁신은 줄어드는 인구로 인해 발생하는 많은 문제를 해결해 줄 것입니다. 이는 이제는 우리에게 매우 친숙해진 무인 매장, 무인 공장, 자율주행 기능이 탑재된 자동차, 키오스크 등을 봐도 알 수 있습니다. 인공지능이 사람의 일자리를 뺏을 것이라는 걱정을 많이 하는데, 반대로 새로운 일자리를 만들어 내기도 합니다. 말동무가 되어 주거나 체조를 돕거나 건강을 돌보는 등 인공지능과 로봇의 발달은 노인의 복지도 높여 줍니다.

인공지능은 인구문제를 더욱 악화시킬 것입니다. 저출산으로 생산 가능 인구가 줄어들면 한정된 일자리를 두고 세대 간 갈등이 커질 텐데, 인공지능까지 일자리를 빼앗는다면 상황은 당연히 더욱 심각해질 것입니다. 인간의 고유한 영역이라고 믿었던 창작 부문에도 인공지능이 진출하고 있고, 과거와 달리 전문 사무직도 크게 대체될 것이라는 전망이 있습니다. 결국 일자리는 소수 엘리트와 저임금 육체노동 종사자로 양극화가 될 가능성이 큽니다.

1. 책의 내용을 보며 다음 빈칸을 채워 보자.

- (   )은/는 인간의 지능과 유사한 방법으로 학습하고 사고하고 행동할 수 있는 컴퓨터 시스템을 뜻한다.

- (   )은/는 컴퓨터가 스스로 외부 데이터를 조합, 분석해서 학습하는 기술로, 쉽게 말해 인간의 뇌와 같은 구조를 기계에 구현한 기술이다.

- (   )의 이름은 'Chat'와 'GPT' 두 부분으로 나뉘어 있다. 'Chat'은 채팅, 대화를 의미하고 'GPT'는 'Generative Pretraining Transformer'의 줄임말이다. 'Generative'는 생성을, 'Pretraining'은 사전 학습을, 'Transformer'는 변형을 의미한다.

- (   )은/는 1970년대 미국의 로봇 과학자가 한 말로, 인간에게 쉬운 것이 컴퓨터나 로봇에게는 어렵고, 반대로 인간에게 어려운 것이 컴퓨터나 로봇에게는 쉬운 현상을 표현하는 용어이다.

2. 토론 내용을 보고 찬성과 반대 입장의 주장과 그 근거를 간단히
   정리해 보자.

- 인공지능이 인구문제를 해결해 줄 수 있을까?

- 찬성

- 반대

3. 인공지능과 인구 감소 문제에 대한 나의 생각을 정리해 보자.

- 나는 인공지능과 인구 감소 문제에 대해

  라고 생각한다.
  왜냐하면

4

인구 위기
해결을 위해
이민을 활성화해야 할까?

**인구 위기 해결을 위해
이민을 활성화해야 한다**

**인구 위기 해결을 위한
이민은 신중해야 한다**

혹시 방송인 조나단을 아나요? KBS <인간극장> '콩고왕자 가족' 편에 나와 화제가 된 뒤, 이후 방송에도 출연하며 인기를 얻고 있고 있지요. 2024년 5월에 조나단이 K굿즈 홍보대사가 되었다고 합니다. 한국문화재재단에서 만든 전통문화상품 브랜드의 홍보대사로 조나단을 위촉한 것인데요. 외국인에 대한 편견이나 선입견에 얽매이지 않고, 우리나라를 알리는 인물로 외국인을 선정했다는 점에서 매우 의미가 있어 보입니다.

과거에는 외국인이라고 하면 '우리와 다르다'고 여기고 배척했는데 이제는 분위기가 많이 달라진 것을 느낄 수 있습니다. 외국인의 활발한 이민이나 한국 사회 진출은 인구 감소 문제에도 도움이 됩니다. 전문가들은 인구 감소로 생산 가능 인구가 빠른 속도로 줄어들고 있으므로 외국 인력 도입을 확대하고 적극적인 이민 정책을 펼치는 등의 대응이 필요하다고 주장합니다. 저임금 외국인 노동자만이 아니라 유학생, 전문 기술자, 사업가 등 다양한 인재가 한국에 와서 역량을 발휘하고 국가 발전에 기여할 수 있는 환경을 만들어야 한다는 것이지요. 또한 이민 활성 정책 중에는 인도적인 차원의 이민자 문제도 포함되는데, 이제 우리도 선진국이 된 만큼 이민자 인권 보호, 문화의 다양성 존중 같은 국민의 인식 개선도 뒷받침되어야 한다는 주장이 나오고 있습니다.

외국인 없이는 멈추는 국내 회사와 공장

'다문화 사회'는 다른 인종, 민족, 종교, 계급, 성(性)에 따른 다양한 문화가 공존하는 사회를 뜻합니다. 법무부가 공개한 「출입국외국인정책 통계월보」에 따르면 2023년 3월 기준 우리나라에 머무르고 있는 외국인은 259만여 명으로, 전체 인구의 약 5.06%를 차지합니다. OECD의 '다인종·다문화 국가' 기준인 5%를 넘긴 것으로, 일찍부터 이민을 받아들인 북미·유럽 등 선진국을 제외하고 아시아에서는 한국이 처음입니다.

외국인 근로자의 입국이 빠르게 늘어나면서 이 수치는 코로나19로 떨어진 이후 매년 높아지고 있습니다. 일할 사람이 없어 큰 어려움을 겪는 조선업은 물론이고 건설 현장이나 중소기업도 외국인 없이는 사업을 계속할 수 없을 정도로 외국인에게 의지하는 정도가 커졌습니다. 대도시의 음식점, 지방 농가도 사정은 비슷합니다. 불법적으로 우리나라에 머무르고 있는, 약 43만 명의 외국인을 포함하면 이들이 우리 인구에서 차지하는 비율은 이미 5%가 훌쩍 넘습니다. 확실하게 통계로 잡히지 않았을 뿐 이미 예전에 다인종·다문화 국가에 진입한 셈입니다.

국내 중소기업의 93%는 외국인 근로자를 고용하는 이유를 묻는 질문에 '내국인을 구하기 어려워서'라고 답했습니다. 2023년과 2024년 한국 잠재성장률이 1%대로 떨어질 것이라고 OECD가 경고한 이유 중 하나가 노동력 부족입니다.

이민 정책에 앞서 의식 개선이 더 중요하다

정회옥이 쓴『한 번은 불러보았다』에는 이런 내용이 나옵니다. 우리가 내 어머니나 내 나라라는 말 대신 '우리 어머니', '우리나라'처럼 '우리'라는 표현을 사용하는 것은 한국인만 공유하는 문화적 특징이고, 인간관계와 공동체 의식을 중요시하는 한국의 전통적인 가치관과 관련이 있다는 내용인데요. 그만큼 한국인은 집단의식이 강하며 배타적인 성향을 갖고 있습니다.

그렇다면 이민 활성화에 대한 국민 반응은 어떨까요? 이민정책연구원이 2023년 진행한 설문 조사 결과에 따르면 외국인 이민이 '늘어야 한다'고 생각하는 사람은 41.9%, '줄어야 한다'는 사람은 22.3%로 그 차이가 두 배 가까이 나는 것으로 조사되었습니다. 하지만 한국행정연구원이 2022년 진행한 사회통합 실태조사에 따르면 외국인을 우리나라 국민으로 수용하는 정도는 5.3점(10점 만점)에 그쳤습니다. 외국인 이민자, 노동자의 포용 가능성도 저조하기는 마찬가지였는데요. 외국인 배우자와 절친한 친구까지 가능하다고 답한 비율은 각각 1.3%, 16.6%

로 2015년 대비 감소했습니다. 직장 동료까지 가능하다는 응답이 42.3%로 가장 많았습니다.

'이민자의 나라' 미국과 '톨레랑스의 나라' 프랑스

미국과 관련해서 아메리칸 드림American Dream이라는 말이 있습니다. 모두에게 기회가 열려 있고 누구나 성공을 꿈꿀 수 있는 가능성을 가진 나라라는 뜻이지요. 미국은 그 시작부터 이민과 함께했습니다. 영국에서 온 이민자들이 나라를 세웠고, 그 후 아시아, 아프리카 등 세계 각지의 이민자들이 미국에 들어와 정착했습니다. 이민자들은 성공 기회를 잡기 위해 고군분투했고 성공을 위한 그들의 노력은 나라를 발전시키는 큰 에너지원이 됐습니다. 그 힘을 바탕으로 미국은 여러 민족과 인종이 공존하는 문화적 다양성을 가진 나라가 되었지요.

하지만 이런 이민의 역사에 밝은 면만 있는 건 아닙니다. 오랜 세월 아메리카 대륙에 정착해 살아온 인디언에게는 비극의 역사였죠. 이민자는 인디언의 땅을 조금씩 침략해 들어갔고, 삶의 터전을 잃은 인디언은 고난의 세월을 보내야 했습니다. 이민자 사이에서도 차별이 발생했습니다. 지금도 뿌리 깊은 인종차별과 그에 따른 갈등이 폭력적으로 나타나 미국 사회의 큰 문제가 되고 있습니다.

프랑스는 어떨까요? 프랑스는 '톨레랑스Tolerance'의 나라입니다. 톨레랑스는 '관용, 아량, 포용력'을 뜻하는 프랑스어로 다른 문화, 생각, 믿음 등을 존중하는 태도입니다. 그래서 프랑스는 다른 문화를 가진 이민자와 갈등이 없을 것처럼 보이지만, 의외로 이민자들과 큰 갈등을 겪고 있습니다. 이는 톨레랑스 이면에 자리 잡은 '라이시테Laïcité' 때문입니다. 라이시테는 '사적인 영역에서 종교의 자유는 보장하되, 공적인 영역에서의 종교는 엄격하게 배제한다'라는 원칙입니다. 이에 따라 프랑스는 공공장소에서 특정 종교에 관한 행위나 복장을 금지하고 있고 이는 주로 이슬람교 신자로 구성된 이민자들에게 억압과 통제로 작용합니다.

프랑스에는 특히 프랑스의 식민 지배를 겪은 북아프리카의 이슬람 국가인 알제리에서 온 이민자가 많습니다. 라이시테를 비롯해서 알제리인 및 여타 이민자에 대한 은근한 차별은 프랑스 사회의 갈등 요소로 남아 종종 이민자들의 대규모 시위 사태로 이어지기도 합니다.

미국을 흔히 인종과 문화의 용광로라고 부릅니다. 역사적으로 미국에 수많은 이주민과 외국인이 모여서 하나로 융합되는 모습을 설명하기 위해 만들어진 표현입니다. 하지만 이제는 하나로 뭉치기보다는 각자의 문화를 보존하는 가운데 조화를 이루는 '샐러드'와 같은 모습으로 변해 가고 있습니다. 이와 대조적으로 프랑스는 여러 인종과 문화가 라이시테 아래에 녹아들기를 원하는 '용광로'에 가깝습니다.

⊘ **다문화 사회** '다문화'는 여러 문화가 공존하는 것을 가리키며, '다문화 사회'는 서로 다른 문화권의 사람들이 하나의 공동체에서 함께 살아가는 사회를 의미한다. '다문화'는 '다양한 문화가 각자의 색깔을 유지하며 함께 존재하는 상태'를 뜻하기 때문에 '사람'이 아니라 '사회'에 어울리는 말이다.

⊘ **용광로 이론** 다문화 사회를 표현하는 이론은 두 가지다. 그중 하나인 용광로 이론은 여러 민족의 고유한 문화가 그 사회의 지배적인 문화 안에서 변화를 일으키고 서로에게 영향을 주어서 새로운 문화를 만든다는 이론이다. 즉 당근, 양파 등과 같은 여러 문화가 솥에 들어가 다른 재료들과 섞이면서 그 고유한 맛이 변해 하나의 맛이 만들어진다는 것이다. 예를 들어 중국에는 수많은 소수민족이 있지만 국민의 대다수인 한족 중심 정책을 쓰면서 소수민족 문화를 전체에 융화시키고 있다.

⊘ **샐러드볼 이론** 다문화 사회를 표현하는 나머지 하나의 이론은 '샐러드볼 이론'이다. 국가라는 큰 그릇 안에서 샐러드처럼 여러 민족이 고유한 색깔과 맛을 지니고 조화를 이룬다는 이론으로, 미국이 대표적 사례이다. 세계 각국의 이민자가 모여서 세운 미국에는 그들이 각각

가지고 온 여러 문화가 공존하고, 이는 미국 특유의 문화를 만들어 내고 있다.

✅ **톨레랑스** 톨레랑스는 '관용, 아량, 포용력'을 뜻하는 프랑스어로 다른 문화, 생각, 믿음 등을 존중하는 태도이다. 나와 타인의 차이를 인정하고, 그 차이에 너그러운 마음을 갖는 것을 이른다. 정치, 종교, 도덕, 학문, 사상, 양심 등의 영역에서 의견이 다르면 공개적인 토론으로 더 나은 결론에 도달할 수 있다는 믿음이 바탕에 깔려 있다.

"인구 위기 해결을 위해
이민을 활성화해야 한다"

1. 노동력 문제를
해결할 수 있다

오늘날 우리 사회는 반드시 결혼하지 않아도 된다는 정서적·문화적 가치관이 팽배합니다. 정부가 다양한 정책으로 결혼과 출산을 유도한다고 해도 한계가 있을 수밖에 없다는 뜻입니다. 그렇기 때문에 노동력 부족을 해결하려면 다양한 분야의 해외 인력을 받아들여야 합니다. 2022년 OECD 회원국으로 유입된 이민자 수가 역대 최고치를 기록했습니다. 점점 심각해지는 고령화와 노동력 부족 문제에 처한 선진국이 적극적인 이민 정책으로 노동자를 받아들이고 있기 때문입니다. 미국은 아메리칸 드림을 꿈꾸며 밀려오는 이민자들 덕에 선진국 가운데 유일하게 저출산·고령화 문제를 겪고 있지 않습니다.

우리나라는 점점 생산 가능 인구가 줄어들어 2030년에는 280만 명에 달하는 노동력이 부족해질 것으로 예측됩니다. 따라서 외국 인력 활용을 통한 국가 경쟁력 강화는 시급한 과제입니다.

2. 우수 인재를 영입할 수 있다

산업 현장만의 문제가 아닙니다. 외국인 유학생이 없으면 정원을 채우지 못하는 지방 대학교가 많습니다. 수도권 대학의 대학원들도 유학생 없이는 연구실을 꾸리기 어려운 실정입니다. 한국보다 앞서 청년 인재 부족을 겪은 일본은 이런 이유로 정보기술 종사자, 고학력자를 대상으로 가산점을 줘 비자(외국인이 들어오는 것을 허가하는 증명) 취득을 북돋는 등 '외국인에게 선택받는 나라'가 되겠다는 목적으로 정책을 펼치고 있습니다. 2022년 OECD 38개 회원국에 유입된 해외 이민자는 610만 명으로 전년 대비 26% 증가했는데요. 저출산·고령화로 침체되는 경제를 살리기 위해 대다수 선진국이 비자 발급 기준을 느슨하게 하며 외국 인력 유입 경쟁을 벌이고 있기 때문입니다.

기업의 급한 요청에 우리 정부도 외국인 근로자 유입을 늘리고 있습니다. 하지만 증가 속도는 더디고, 외국인 관련 업무를 통합 관리할 출입국·이민관리청(이민청) 설립 논의도 지지부진합니다. 점점 가팔라지는 인구 절벽에 대응하려면 빠른 대책 수립이 필요합니다.

3. 국가 소멸을
막아야 한다

저출산·고령화 문제는 이미 심각한 수준인데 이를 해결할 뾰

족한 방법은 보이지를 않습니다. 《뉴욕 타임스》는 UN의 세계 인구 추계를 이용하여 "한국은 2050년 홍콩에 이어 세계에서 가장 노령화된 국가 2위를 차지할 것"이라고 보도했습니다. 옥스퍼드대학교 데이비드 콜먼 교수도 "한국이 저출산으로 인한 인구 소멸 1호 국가가 될 것"이라고 예측했고요. 국가가 사라질 수도 있다는 위기감을 해소하려면 이민 활성화 정책을 펼쳐 더 많은 외국인이 우리나라에 와서 일할 수 있는 환경을 만들어야 합니다. 국가 소멸을 막기 위해 이민 확대는 이제 선택이 아니라 필수인 것입니다.

청년은 외국인 인력과 일자리 경쟁을 겪을 수 있지만, 인구 절벽으로 생산 가능 인구가 줄어들고 국가가 소멸하면 다음을 기약할 수조차 없습니다. 해외 이민자 유입으로 우선 생산력을 높여 국가 경쟁력을 키운다면 오히려 일자리가 늘어나는 등 사회 전반적으로 도움이 될 수 있습니다. 당장 발생할 문제보다는 큰 그림을 보고 이민 정책을 활성화할 필요가 있습니다. 영주권, 시민권을 취득할 수 있는 조건을 낮추고 개방적인 이민 정책을 펼쳐야 합니다. 개방적인 이민 정책 없이 선진국이 된 나라는 없습니다.

4. 한민족의 자부심은
시대를 역행하는 발상이다

우리나라 국민 다수는 단일민족에 대한 자부심이 강하고 이를 지켜야 한다는 신념도 강합니다. 사실 단일민족주의는 일본의 식민지 정책에 대항해 민족을 단합시키기 위해 만들어졌을 것으로 추정됩니다. 더욱이 우리가 원래부터 단일민족이었던 것은 아닙니다. 우리의 다문화 역사는 고구려로 거슬러 올라갑니다. 고구려에는 이민족 인구가 더 많았다고 합니다. 무엇보다 다양한 나라의 사람들과 어울려 사는 것은 더 이상 이상하지 않고 자연스러운 일입니다. 세계화의 영향으로 서로 교류가 빈번해진 요즘에는 여러 인종적 배경의 사람들과 평화롭게 공존하는 것이 당연해졌습니다.

또한 인구 감소 문제 등을 생각하면 절박하게 필요한 일이기도 합니다. 물론 언어와 문화가 다른 외국인을 공동체 구성원으로 새로 받아들이는 것은 쉬운 문제가 아닙니다. 그러려면 다양한 국적의 전통과 문화를 존중하고, 서로를 배척하기보다는 수용하고 지지하는 사회 분위기를 조성하는 것이 중요합니다. 2022년 카타르 월드컵 준우승국 프랑스의 경우 아프리카 이민 가정 출신이 대표팀의 주축을 이뤘고, 헝가리 이민 2세인 사르코지가 대통령을 지내기도 했습니다. 세계적인 부자인 일론 머스크는 미국이 아닌 남아프리카에서 태어났습니다. 많은 선진국이 그랬던 것처럼 우리도 이제는 이민자를 인도적 차원의 난민까지 포함해 받아들여서 진정한 다문화 사회를 만들어야 합니다. 저출산·고령화가 심각한 한국 사회는 적극적 이민 수용이 불가피합니다. 따라서 이에 대한 준비를 강화해 나가야 합니다.

"인구 위기 해결을 위한
이민은 신중해야 한다"

1. 외국인 노동자로 인한
문제도 생각해야 한다

인구 감소는 우리나라 관점이 아니라 글로벌 관점에서 봐야 합니다. 인구 감소의 해법 중 하나가 이민이라고 하는데, 이미 아프리카를 빼고는 모든 대륙의 출산율이 인구 유지선인 2.1명 아래로 떨어져서 세계적으로 인구 감소를 걱정해야 할 상황입니다. 우리나라만 이민을 받는다고 해결될 일이 아닌 것이지요.

해외 이민자를 많이 받아들이면 장점도 있겠지만 그만큼 문제도 많아집니다. 사회 갈등 심화, 치안 불안, 경제적 격차 등 예상되는 문제가 한둘이 아닙니다. 현재 우리나라에 존재하는 다문화 가정만으로도 교육, 군 복무, 복지 등 해결할 과제가 적지 않습니다. 이미 불법 체류자 문제 등 외국인 노동자로 인한 문제를 겪고 있는 만큼 국민 입장에서는 더 많은 해외 인력 유입으로 인한 예측할 수 없는 위험이나 갈등 요소를 걱정하는 것이 당연합니다. 따라서 아직은 신중하게 접근해야 합니다.

2. 우리의 일자리가 위협을 받는다

20, 30대 청년이 결혼을 하지 않고 아이를 낳지 않는 이유로 취업 및 경제적 어려움이 꼽히고 있습니다. 이러한 상황에서 그들의 문제를 먼저 해결해 줄 생각은 하지 않고 해외 인력 유입을 논하는 것은 근본적인 도움이 되지 않습니다. 또한 그 때문에 청년 세대가 외국인 인력과도 경쟁해야 하는 상황이 온다면

오히려 역차별이 됩니다. 외국인 노동자들과의 경쟁에서 밀린 다면 분노와 열등감이 상당할 것입니다. 인력난 해소를 위해 빈 일자리를 외국인으로 메우는 데 집중하면 청년의 실업은 더 늘어나고, 일자리의 질이 낮아져서 결국 청년들이 가질 수 있는 양질의 일자리가 줄어듭니다.

3. 인구 절벽을 해결하기 위한
다른 대안을 찾아야 한다

이주민을 둘러싼 갈등으로 이미 세계는 신음하고 있습니다. 이주민을 적극적으로 받아들였던 유럽의 독일, 영국, 프랑스는 '우리의 다문화 정책은 실패했다'고 선언했고, 기회의 땅으로 불리며 이주민에게 활짝 문을 열었던 미국 역시 특정한 국적이나 종교를 이유로 입국을 거부하기도 했습니다. 이처럼 이민은 절대적인 대안이 될 수 없습니다.

더욱이 2023년 이민정책연구원이 실시한 설문 조사를 보면 이민을 줄여야 한다는 사람도 20% 이상으로 꽤 높은 수치를 보여 줍니다. 이민 확대는 우리 국가, 우리 국민의 문제인 만큼 정책을 급하게 도입하기보다는 국민을 설득하기 위한 노력부터 해야 합니다. 제도적 방안을 마련하는 것도 중요하지만 이민 문제에 대해 국민적 공감과 합의를 끌어내야 하는 것이지요. 외국인 이민을 늘리는 정책을 만들려면 시간과 비용도 많이 듭니다. 그 비용과 노력으로 저출산과 인구 절벽의 후폭풍을 최소화하는 것이 먼저입니다.

인구 감소로 인한 노동력 부족은 고령자의 노동력으로 메울 수 있습니다. 의학 기술의 발달로 건강 상태가 개선되고 평균수명이 늘어남에 따라 고령자의 경제활동이 활발해지고 있습니다. 우리나라는 50대가 되면 퇴사를 강요받고 60세 이상은 법적으로 정년퇴직이 불가피합니다. 더 일할 의지가 있는 고령자의 풍부한 지식과 경험을 쓰지 않고 묵혀 두는 것은 사회적으로도 손실입니다.

사회자

김현실

이신중

안녕하십니까. 오늘 인구 위기 토론반에서는 '인구 위기 해결을 위해 이민을 활성화해야 할까?'를 주제로 이야기를 나누어 보려 합니다. 저출산이 우리나라의 장기 발전을 가로막는 심각한 위험 요인이라는 지적이 많아졌습니다. 하지만 막대한 관련 예산 투입에도 불구하고 출산율은 개선되지 않고 있습니다. 그 대안으로 이민의 문을 획기적으로 열자는 주장이 나오고 있습니다. 좀처럼 해결되지 않는 인구 절벽 문제에 이민 정책을 바꿔 대응해야 한다는 것이지요. 이민 활성화는 인구 감소를 해결할

좋은 대안이 될까요? 김현실 씨와 이신중 씨는 각각 의
견을 말씀해 주시기 바랍니다.

우리보다 앞서 저출산·고령화 문제를 겪은 선진국은 이
민 확대로 눈을 돌려 이민자를 적극적으로 받아들이는
정책을 펼치고 있습니다. 캐나다는 2025년까지 3년간
신규 이민자를 150만 명까지 수용할 방침이라고 밝혔을
정도입니다. 이민에 개방적인 미국이나 유럽 국가만이
아니라 이민에 소극적이었던 이웃 나라 중국이나 일본
도 최근에는 이민을 확대하고 있습니다. 2030년이 되
면 우리나라의 노동력 부족 규모는 280만 명에 이른다
고 합니다. 따라서 외국 인력을 활용해서 국가 경쟁력을
강화하는 것은 시급한 과제입니다.

이민자를 받아들인다고 해서 끝이 아닙니다. 우리보다
앞서 적극적으로 이민을 받아들였던 선진국의 부작용도
냉정하게 분석해야 합니다. 당장은 경제적 혜택을 누리

는 것처럼 보일 수 있으나 사회적 갈등으로 인한 비용이 더 커져서 국가 경쟁력이 약해지고 국가 안보에도 영향을 미친 사례도 있습니다. 치안 불안 등 예상되는 문제도 하나둘이 아닙니다. 이미 불법 체류자 문제 등 외국인 노동자로 인한 문제를 겪고 있는 만큼 이민 활성화에는 신중하게 접근해야 합니다.

인구 재앙에 대한 근본적인 대책은 출산율 증가와 이민 정책뿐입니다. 성공적인 이민 정책을 펼친 모범 국가로 평가받고 있는 프랑스의 사례를 봐도 알 수 있습니다. 최근 프랑스는 세계 축구의 강국으로 등장했지요. 2018년 러시아 월드컵에서는 음바페 등 열다섯 명의 이민자 가정 출신이 모인 팀이 '무지개 군단'이라는 애칭을 얻으며 우승을 했습니다. 이민자들 덕분에 프랑스 축구가 강해진 것이지요. 프랑스 축구팀의 사례처럼 우수한 이민자의 유입은 사회의 다양성과 전문성을 높이고, 국가 경쟁력에도 긍정적 효과를 가져옵니다.

취업 및 경제적 어려움이 비혼과 저출산의 주요 이유입니다. 이런 상황에서 그들의 문제를 먼저 해결해 줄 생각은 하지 않고 당장 발등에 떨어진 불을 끄기 위해 해외 인력을 받아들이는 것은 위험하다고 생각합니다. 이로 인해 청년 세대가 외국인 인력과도 경쟁해야 하는 상황이 온다면 그것이야말로 역차별 아닐까요? 인력난 해소를 위해 이민을 확대하면 청년 실업은 더 늘어나고, 전반적으로 일자리 질이 낮아져서 결국 청년들이 가질 수 있는 양질의 일자리가 줄어들 것입니다.

지금은 다양한 나라 사람들과 어울려 사는 것이 자연스럽고 또 필요한 시대입니다. 외국인을 배척할 것이 아니라 다양한 국적 사람들의 전통과 문화를 존중하는 사회 분위기를 조성할 필요가 있습니다. 캐나다의 밴쿠버에는 중국, 인도, 한국, 이란, 필리핀, 일본계가 따로 또 같이 살고 있습니다. 정부가 나서서 다양한 문화의 공존을 장려하기 때문에 이민자는 영어가 서툴러도 말하는 데

크게 눈치를 볼 일이 없다고 합니다. 많은 선진국이 그 랬던 것처럼 우리도 이민자는 물론 인도적 차원의 난민 까지 받아들여 진정한 다문화 사회를 만들어 나가야 합 니다.

우리 국가, 우리 국민의 문제인 만큼 정책을 급하게 도입 하기보다 국민을 설득하는 것이 먼저입니다. 이민 활성 화를 덮어놓고 추진할 것이 아니라 국민적 공감과 합의 부터 이루어야 한다는 뜻입니다. 그리고 외국인 이민을 늘리는 정책을 만드는 데 드는 시간과 비용으로 인구 위 기를 해결하기 위한 더 좋은 방법을 고민해 봐야 합니다. 증가하는 고령자의 노동력을 활용하는 것도 좋은 방법 이 될 수 있겠지요. 더 일할 의지가 있는 고령자의 풍부 한 지식과 경험을 묵혀 두는 것은 사회적으로도 큰 손실 입니다.

네, 긴 시간 함께해 주신 두 분께 감사드립니다. 이제 마칠 시간이 되었는데, 두 분 마무리 발언 해주시죠.

우리보다 앞서 저출산·고령화 문제를 경험한 선진국은 이미 이민 확대 정책을 펼치고 있습니다. 우리나라는 급격한 저출산·고령화를 겪고 있는 만큼 더욱 적극적인 이민 정책으로 국가 경쟁력을 강화해야 합니다. 이제는 단일민족이라는 환상을 버려야 합니다. 다양한 국적을 가진 사람들의 전통과 문화를 존중하는 사회 분위기를 만들어 진정한 다문화 사회를 만들어 가야 합니다.

우리보다 앞서 적극적으로 이민을 받아들였던 선진국의 부작용 사례도 참고해야 합니다. 경제적 혜택을 누릴 수도 있지만 사회 갈등이 더 커지고 치안도 불안해질 수 있기 때문입니다. 이민 확대는 우리 국가, 우리 국민의 문제인 만큼 국민적 공감과 합의가 먼저 필요합니다. 이민 정책을 만들려면 시간과 비용도 많이 들 텐데, 그 비용을

늘어나는 고령자 노동력에 투자하는 것도 대안이 될 수

있습니다.

1. 책의 내용을 보며 다음 빈칸을 채워 보자.

- (   )은/는 다른 인종, 민족, 종교, 계급, 성에 따른 다양한 문화가 공존하는 사회를 뜻한다.

- 다문화 사회를 표현하는 이론은 두 가지다. 그중 (   ) 은/는 여러 민족의 고유한 문화가 그 사회의 지배적인 문화 안에서 변화를 일으키고, 서로에게 영향을 주어서 새로운 문화를 만들어 나간다는 이론이다.

- 반면, (   )은/는 국가라는 큰 그릇 안에서 샐러드처럼 여러 민족의 문화가 개성을 잃지 않는 가운데 조화를 이루어 가는 것을 말한다. 미국이 가장 대표적인 사례이다.

- (   )은/는 '관용, 아량, 포용력'을 뜻하는 프랑스어로 다른 문화, 생각, 믿음 등을 존중하는 태도이다.

2. 토론 내용을 보고 찬성과 반대 입장의 주장과 그 근거를 간단히 정리해 보자.

- 인구 위기를 해결하기 위해 이민을 확대해야 할까?

- 찬성

- 반대

**3. 이민 확대를 통해 인구 위기를 해결하는 것에 대한 나의 생각
을 정리해 보자.**

- 나는 이민 확대를 통해 인구 위기를 해결하는 것에 대해

라고 생각한다.
왜냐하면

5

아이들이
사라지는 나라,
개인의 책임일까?

아이를 낳지 않는 것은
개인의 책임이다

아이를 낳지 않는 것은
사회의 책임이다

〈천국의 아이들〉이라는 영화를 알고 있나요? 1997년에 개봉한 이란의 영화인데요. 몬트리올 영화제 그랑프리, 파지르 국제영화제 그랑프리, 뉴포트 국제영화제 최우수 외국어상을 받는 등 수많은 영화인에게 인정을 받은 작품입니다. 영화 속에는 남매가 나옵니다. 그런데 오빠가 여동생의 구두를 고치러 갔다가 실수로 잃어버리고 맙니다. 안 그래도 가난한데 부모님께 부담을 주고 싶지 않은 남매는 이 일을 비밀로 하고, 둘이서 운동화를 번갈아 신습니다. 둘이 오전반, 오후반으로 학교에 가는 시간이 달라서 가능했던 이야기입니다.

우리나라도 1970년대와 1980년대는 학교 교실 수에 비해 아이들이 많아서 초등학교를 오전반, 오후반으로 나누어 운영했습니다. 그러고도 한 반에 60명쯤 모여서 함께 공부를 했지요. 어때요, 상상이 되나요?

서울에서도 어린이가 없어 2024년에 공립 유치원 선생님을 한 명도 뽑지 않았다고 하니, 정말 상황이 많이 달라졌습니다. 2023년을 기준으로 어린이 인구가 100만 명가량 줄어들기까지 걸리는 시간은 5년에 불과한 것으로 예측됐습니다. 점점 어린이가 사라지고 있는 나라, 도대체 누구의 책임일까요?

입학생 한 명도 감지덕지인 사회가 되다

매년 입학 시즌이 되면, 초등학교 신입생이 한 명이라서 '나 홀로' 특별한 입학식을 하는 모습이 뉴스에 소개되고는 합니다. 선물과 꽃다발을 받으며 환하게 웃음 짓는 1학년생의 모습은 사랑스럽지만 한편으로는 걱정스러운 마음도 듭니다. 2024년 신입생을 단 한 명도 받지 못해 입학식을 치르지 못한 초등학교도 157곳이나 됩니다.

학령인구가 이렇게 줄어드니 걱정이 클 수밖에요. '학령인구'란 정해진 교육 과정을 이수하거나 특정 교육 기관에 다닐 수 있는 나이에 해당하는 3~17세 아동과 청소년의 총인원수를 말합니다. 통계청에 따르면 학령인구는 2012년 959만 명에서 2023년 725만 명까지 줄어들었습니다. 오랫동안 이어진 저출산에 따른 결과입니다.

2023년 초등학교에 입학한 아동은 2016년생으로 그해 출생아 수는 40만 6,000명이었습니다. 그런데 2022년 출생아 수는 24만 9,000명입니다. 앞으로 이 아이들이 초등학교에 갈 나이가 되면 전국 초교의 절반이 신입생 열 명 미만일 것입니다. 이처럼 학령인구가 감소하면 중학교, 고등학교, 대학도 마찬가지 과정을 겪습니다. 소규모 학교 통폐합이 점점 빨라져서 도서·산간 지역 학생의 수업권 침해로 이어질 소지가 있고, 대학 경쟁력도 하락할 것입니다.

전통 가족의 개념이 사라지고,
지금 여기 나의 행복이 중요하다

우리가 당연하게 생각하는 개념이 사실은 당연한 게 아닐 때가 많습니다. 예를 들어 '공주는 예뻐야 한다'는 생각도 그중 하나 이죠. 그런 고정관념을 과감히 깨버린 영화가 <슈렉>입니다. 진정한 사랑을 찾으며 저주에서 풀려난 피오나 공주는 관객의 예상과 달리 어여쁜 인간이 아닌 못생긴 모습으로 남습니다.

가족에 대한 개념 역시 마찬가지입니다. 어린이 만화, 어린 이 프로그램 속 가족의 모습은 보통 엄마, 아빠 그리고 자녀로 이루어집니다. 우리 사회에서는 이처럼 남자와 여자가 결혼을 해서 아이를 둔 가족 형태를 '정상 가족'으로 바라보는 시선이 강합니다. 하지만 요즘에는 전통적 가족의 정의가 흐려지며 정 상 가족의 범주가 확대되고 있습니다.

가장 두드러진 특징이 바로 1인 가구의 증가입니다. 결혼을 하지 않는 '비혼非婚'은 사회의 트렌드가 됐고 수많은 비혼주의 자가 생겨났습니다. 돈이 없어서, 직장이 불안해서, 마음에 드는 상대가 없어서 등 저마다 다양한 이유로 혼자 사는 삶을 택하고 있습니다. 비혼족의 증가는 통계로도 드러납니다.

2023년 통계청 발표에 따르면 2022년 1인 가구는 전체 가구의 34.5%인 750만 2000가구입니다. 2015년에는 27.2%였으니 그 증가를 눈으로 확인할 수 있습니다. 국민 절반에 가까운 43.2%가 '반드시 결혼을 할 필요는 없다'고 생각하며, 그중에서도 미혼 여성은 20% 정도만 '반드시 결혼해야 한다'고 생각한다고 하니, 비혼은 이제 거스를 수 없는 흐름이 된 것으로 보입니다.

결혼은 하더라도 아이를 낳지 않는 딩크족 역시 늘어났습니다. 딩크DINK는 'Dual Income, No Kids'의 약자로 아이 없이 둘이 벌어 여유롭게 산다는 뜻입니다. 결혼은 했지만 아이를 낳지 않고, 그 대신 경제적으로나 시간적으로 여유를 누리려고 하는 것이지요.

아기 키우기 너무 힘든 나라 1위, 한국

자녀를 출산한 직원에게 1억 원을 지급하기로 한 사람이 있어서 한동안 화제였습니다. 바로 부영그룹 이중근 회장의 이야기입니다. 국내 기업이 출산 자녀 1인당 1억 원의 출산 장려금을 지급하는 사례는 처음인데요. 이 회장은 "저출산에는 자녀 양육에 대한 경제적 부담, 일과 가정생활 양립의 어려움이 큰 이유로 작용하는 만큼 파격적인 출산 장려책을 도입했다"라고 설명했습니다.

사람들에게 1억 원 사례처럼 정부가 파격적으로 현금을 지원하면 출산에 동기 부여가 될지를 물었더니, 1만 3,000여 명 가운데 62.6%가 '그렇다'고 답했다고 합니다. 출산을 결정할 때 양육비 부담이 그만큼 큰 고민거리라는 의미이지요. 2023년 중국의 위와인구연구소가 각 나라의 양육비를 그 나라의 GDP와 비교한 연구 결과를 내놓았습니다. 이에 따르면 한국은 18세까지 아이를 키우는 데 1인당 GDP보다 7.79배 높은 비용이 들어 전 세계에서 1위를 차지했습니다.

최근 문제가 되고 있는 교육 격차 역시 무시할 수 없습니다. 학원비와 서울대 입학생 비율 사이의 상관관계를 조사한 결과, 상관계수가 0.929로 드러나 사교육이 입시 결과에 큰 영향을 준다는 것을 알 수 있었습니다.

금전적·제도적 지원의 부족이 끊임없이 거론되는 이유

아이를 잘 키우고 싶지만, 키우기 너무 힘든 나라가 되어 가고 있는 듯합니다. 정부에서도 이런 문제를 해결하기 위해 여러 가지 출산 및 육아 지원 정책을 확대하고 있습니다.

부모가 일을 나가거나 갑자기 아이를 돌볼 수 없는 상황에 처했을 때 아이 돌보미가 가정을 방문해 아이를 돌봐 주는 아이 돌봄 서비스와 '6+6 부모육아휴직제'를 비롯해 금전적 지원도 늘렸습니다. 0~1세 아이를 둔 부모에게 경제적 도움을 주기 위해 2024년 1월 1일부터는 출산 시 최초 1회 첫째 아이는 200만 원, 둘째 아이는 300만 원을 지원합니다. 또 부모 급여로 0세 월

100만 원, 1세 월 50만 원을 지급합니다.

금전적·제도적 지원을 하는 데 그치지 않고 출산을 개인의 문제로 몰아가지 않는 문화와 사회 구성원 모두의 인식 변화도 필요합니다. 예전에는 부모가 아이를 키우다가 힘들면 할아버지, 할머니, 고모, 삼촌, 사촌 등 친지가 돌아가며 도와줬지요. 그런데 핵가족화로 인해 육아는 온전히 부모의 책임이 되었습니다. 도와줄 사람이 없는데 직장까지 다니면서 아이를 키운다는 게 버거울 수밖에 없지요. 아이를 낳고 키우는 것은 아빠와 엄마, 가족의 문제지만 결국 사회 전체의 문제이기도 합니다.

여성에게는 있고, 남성에게는 없는 단어 '경력 단절'

경력 단절이란 본인의 자발적인 의지와 무관하게 경제활동을 중단하게 되는 것을 의미합니다. 여성은 혼인, 출산, 양육을 경험하면서 본인의 의지와 무관하게 경력 단절을 경험하는 경우가 많습니다. 출산과 함께 육아 부담을 떠안으면서 다니던 직장을 그만두는 것이죠. 이처럼 직장 생활을 하다가 일을 그만 둔 여성 그리고 다시 일을 하고 싶어 하는 여성을 경력 단절 여성, 줄여서 '경단녀'라고 부릅니다.

경단녀라는 용어는 출산, 육아 등을 부정적으로 해석하게 합니다. 단적으로 표현하면 '출산으로 인해 직장을 그만두고 긴 시간 육아와 가사에 전념해야 하지만 사회에서는 그 일을 가치 있는 경력으로 판단하지 않을 것'이라는 의미로 느껴집니다. 게다가 주부의 일은 개인적인 영역으로 인식되는 경향이 큰 만큼, 일과 육아 두 가지를 놓치지 않은 멋진 '워킹 맘'이 되지 못한 개인의 능력 부족을 탓하게 되기 쉽습니다.

더욱이 경력 단절이라는 단어는 남성에게는 잘 쓰이지 않습니다. '경력'을 국어사전에서 찾아보면 '지금까지 경험한 여러 가지 일'이라고 나와 있습니다. 사전적 의미로 본다면 경력 단절은 끊어짐이 아니라 다른 경험을 한 것으로 볼 수 있습니다. 예를 들어 양육 때문에 직장을 잠시 접었다면 그 시간 동안 다른 경험, 즉 다른 경력이 쌓인 것입니다.

주제 관련 핵심 용어 정리

 ⊘ **학령인구** 정해진 교육 과정을 이수하거나, 특정 교육 기관에 다닐 수 있는 나이에 해당하는 아동과 청소년의 총인원수. 유치원, 초등학교, 중학교, 고등학교까지 만 3~17세가 이에 해당한다.

 ⊘ **비혼, 비혼주의자** 비혼은 결혼하지 않음을, 비혼주의자는 비혼을 선택한 사람을 뜻한다. 결혼은 꼭 해야 하지만 아직 하지 못했다는 의미를 담고 있는 미혼과 달리, 결혼은 선택이며 자신은 하지 않는 것을 선택했다는 주체적인 의지를 담고 있다.

 ⊘ **아이돌봄 서비스** 여성가족부가 시행하는 아이돌봄 서비스는 부모가 맞벌이를 하거나 갑자기 아이를 돌볼 수 없는 일이 생겼을 때 아이 돌보미가 가정을 방문해 아이를 돌봐 주는 서비스이다.

 ⊘ **육아휴직** 육아휴직은 근로자가 만 8세 이하 또는 초등학교 2학년 이하의 자녀를 양육하기 위하여 최대 1년 동안 휴직할 수 있는 제도이다. 전국 22개의 지방정부가 '아빠 육아휴직 장려금 지원 조례'를 마련하는 등 아빠가 육아휴직을 자유롭고 편하게 쓸 수 있도록 다양한 정책이 마련되고 있다.

⊘ **경력 단절** 학교를 졸업한 후, 또는 이전 직장을 그만둔 후 새 직장에 취업할 때까지 생기는 공백을 의미한다. 경력 단절 여성이란 결혼, 임신, 육아 등의 사유로 직장을 그만둔 뒤 경제활동을 중단한 여성을 뜻한다. 2023년에는 돌봄 노동을 경력으로 인정받을 수 있도록 경력 단절 여성을 경력 보유 여성으로 바꾸는 법 개정안이 국회에서 의결되었다.

"아이를 낳지 않는 것은 개인의 책임이다"

1. 아이를 낳지 않는 것이
합리적이다

인간은 사회적인 동물이어서 주변 환경에 영향을 받습니다. 사회가 변하고 시대가 바뀌면서 결혼·출산을 꼭 해야 한다고 인식하는 비율이 점점 낮아지고 있습니다. 평생 결혼이나 출산을 하지 않는 편이 합리적이라고 판단하는 사람이 늘어난 것입니다. 전통적인 가족의 의미가 약해지며, 가정생활의 목표를 가족의 계승 또는 자손의 번영으로 생각하지 않게 되었고, 자식이 노후를 책임져야 한다는 의식이 없어지고 있습니다. 또 개인의 경제적 자립과 자아실현을 그 어떤 가치보다 우선시하게 되었습니다.

2. 세계에서 아이를 키우는 데 가장 많은 돈이 드는 나라

우리나라에서 아이를 키우는 데 돈이 얼마나 들까요? 2023년 중국의 위와인구연구소가 각 나라의 양육비를 그 나라의 GDP와 비교한 연구 결과를 내놓았는데요. 이에 따르면 한국은 18세까지 아이를 키우는 데 1인당 GDP보다 7.79배 높은 비용이 들어 전 세계에서 1위를 차지했습니다. 중국이 6.9배로 그 뒤를 잇고, 독일은 3.64배, 프랑스는 2.24배, 호주는 2.08배가 들었습니다. 이들 나라와 비교해 한국은 3~4배가량 양육비가 많이 든다는 것을 알 수 있습니다.

우리나라의 양육비가 이렇게 압도적으로 높은 이유는 바

로 학원비 등 사교육비 지출에서 찾을 수 있습니다. 통계청의 '2023년 초·중·고 사교육비 조사 결과'를 보면 지난해 초·중·고 사교육비 총액이 약 27조를 넘어서며 역대 최대를 기록했습니다. 심지어 학생 수는 7만 명이 감소했는데 전녀 대비 1조 2,000억 원이 증가한 것입니다.

열 명 중 7.8명이 사교육을 하고 있으며, 학생 1인당 월평균 사교육비는 43만 4,000원에 이른다고 합니다. '영어 유치원'이라고 불리는 유아 대상 학원의 수강료가 대학 등록금의 다섯 배 수준인 3,000만 원을 넘는 곳도 있습니다. 웬만한 기업의 신입사원 연봉에 해당하는 액수니 어마어마하지요. 그러다 보니 초·중·고교생을 자녀로 둔 부모들은 학원비를 대느라 허리가 휠 정도입니다. 이런 조사 결과를 봐도 알 수 있듯이 한국의 교육열은 굉장히 높습니다. 또래 부모와의 경쟁 심리도 무시할 수 없습니다.

3. 결혼이 필수가 아닌
시대가 되었다

학교를 졸업하고, 취업을 하고, 결혼을 하고, 아이를 낳는 삶의 단계를 생애주기라고 합니다. 결혼을 늦게 하는 이른바 만혼은 저출산 현상이 심해지는 주요 원인입니다. 평균 초혼 연령은 1990년 여성 24.8세, 남성 27.9세에서 2023년에는 여성 31.3세, 남성 33.7세까지 높아졌습니다. 결혼을 늦게 하는 사람은 대체로 학력이 높고 사회활동을 활발히 하며 자아 성취를 중시합니다. 아이를 낳지 않거나 낳아도 한 명만 낳아서 키우려는 경향이 강하지요.

미혼은 아직 결혼하지 않은 사람, 비혼은 아예 결혼할 의사가 없는 사람을 얘기합니다. 아직 좋은 시기와 상대를 만나지 못해 결혼하지 않은 사람도 있지만, 아예 결혼을 원하지 않는 이들도 많습니다. 최근 들어 '미혼'보다 개인의 선택을 강조한 '비혼'이라는 단어가 더 많이 쓰이고 있는데요. 2023년 통계청에 따르면 30대 초반 남녀의 미혼 비율이 절반을 넘겼습니다. 30대 후반에서는 셋 중 한 명, 40대 초반에선 다섯 중 한 명이 미혼인 것으로 발표됐습니다. 전체 청년층(19~34세)의 미혼 비중은 처음으로 80%를 넘었습니다. 이 같은 현상은 결혼에 관한 가치관의 변화를 단적으로 보여 줍니다. 더는 결혼을 인생의 필수 코스로 여기지 않는 사람이 늘어나고 있는 것입니다.

"아이를 낳지 않는 것은 사회의 책임이다"

1. 아이돌봄 인프라가
부족하다

출산을 장려하기 위해 정부는 부모 급여를 월 70만 원에서 월 100만 원으로 늘리고, 난임 가구 지원과 휴가를 마련하는 등 다양한 정책을 쏟아내고 있습니다. 하지만 여전히 한시적인 도움에 머물러 있다는 의견도 큽니다. 출산을 기피하는 이유는 금전적 부담도 있지만, 일과 가정 양립의 어려움이 큰 부분을 차지합니다. 부모를 대신해 아이를 돌봐 줄 조력자의 부재가 발목을 잡습니다. 부모의 근로 시간과 아이의 시설 보육 시간에 차이가 있기 때문에 틈새 공백이 생기기 마련입니다. 영유아기의 잦은 병치레는 일과 육아의 양립을 더욱 힘들게 만들고, 믿고 맡길 만한 조력자를 구하기도, 그 비용을 마련하기도 쉽지 않습니다. 물론 정부에서 공공 아이돌봄서비스를 공급하기 위해 노력하고 있지만 대기 기간만 해도 6개월이고, 민간 아이돌봄은 지원금이 전혀 지급되지 않는 탓에 오로지 부모의 영역으로 남겨졌습니다.

가족이 함께 모여 살던 전통 사회에서는 할아버지, 할머니, 고모, 삼촌, 사촌 등 친지가 돌아가며 양육을 도와줬습니다. 그런데 핵가족화가 진행되며 이제는 더 이상 조부모나 친지의 도움을 받기 어려워졌습니다. 과거에는 바쁜 일이 있으면 아이를 잠시 옆집에 맡길 수도 있었지만 지금은 그렇게 하기도 어렵습니다. 부모에게 온전히 책임이 돌아가죠. 아침 일찍 출근하고 저녁 늦게까지 일하다 보니 아이를 돌볼 시간이 부족합니다. 가족과 저녁에 식사하거나 주말에 손을 잡고 놀러 다니기도 힘듭니다. 도와줄 사람이 없는데 직장까지 다니면서 아이를 키우기는 버겁습니다. '아이 하나 키우는 데 마을 전체가 필요하다'는 말이 있습니다. 자녀 양육에는 수많은 손길이 필요하다는 뜻이죠. 아이를 낳고 키우는 것은 아빠와 엄마, 가족의 문제지만 결국 사회 전체의 문제입니다. 아이를 낳고 키울 수 있는 환경부터 만들어 줘야 합니다.

2. 결혼과 육아로 인한 경력 단절이 문제다

자녀 양육은 당장은 결실이 보이지 않는 미래 지향적인 일입니다. 동시에 사회와 국가의 미래를 결정하는 중대사지요. 그런데 우리나라는 경제활동이 가장 왕성한 시기인 20대 후반에서 30대에 여성의 경력 단절이 심합니다. 혼인, 임신, 출산, 육아 등을 이유로 경제활동을 중단하는 여성이 많아지는 것이지요. 경직된 직장 문화, 부족한 보육 서비스(육아 시스템) 등 여성이 가정과 직장 생활을 병행하기 힘든 사회적인 여건이 문제입니다.

선진국에서도 출산은 여성의 소득, 경력 등에 부담이 됩니다. 그래서 여성의 경력 단절을 막고 고용률을 높이려고 노력합니다. 네덜란드에는 시간제 근로와 같은 유연한 근무 문화, 프랑스에는 철저한 공보육시스템(국가나 지방자치단체가 관리하는 총체적인 육아 서비스)이 확립되어 여성이 경제활동을 지속하기에 수월한 환경이 갖춰져 있습니다.

3. 육아휴직을
마음 놓고 쓸 수 없다

육아휴직이란 임신 중인 여성 근로자나 근로자가 만 8세 이하 또는 초등학교 2학년 이하의 자녀를 양육하기 위해서 신청·사용하는 휴직을 말합니다. 그런데 육아휴직은 아직 갈 길이 멉니다. 여전히 기업이 육아휴직에 부정적이기 때문입니다. 공무원이나 교직원을 제외하고 법에 보장된 당연한 권리인 육아휴직을 마음 놓고 쓰기 어려운 것이 우리 현실입니다.

한 시민단체의 2023년 설문조사 결과를 보면 직장인의

45.5%가 육아휴직을 자유롭게 쓰지 못한다고 응답했는데 특히 5인 미만 사업장(69.9%)의 경우 대기업(28.9%)과 차이가 큰 것으로 나타났습니다. 마찬가지로 비정규직(61.5%)과 정규직(34.8%)의 차이도 컸습니다. 육아휴직으로 인한 해고나 권고사직, 직장 내 괴롭힘 등도 여전합니다. 출산휴가, 육아휴직과 같은 제도가 있어도 눈치 주기, 불이익 주기, 공감대 부족 등 직장 문화가 따라가지 못하는 것이죠. OECD 통계에서 2021년 한국의 출생아 100명당 육아휴직자 수는 29.3명으로 멕시코 다음으로 적었습니다. 육아휴직을 쪼개 쓸 수 있는 선진적인 제도를 갖춘 핀란드와 덴마크, 헝가리, 스위스와 같은 나라의 출생아 100명당 육아휴직자 수는 100명이 넘습니다. 자녀 양육에 엄마, 아빠의 구분이 없고, 남의 눈치 안 보고 아이를 키울 수 있는 환경이 법 제정과 함께 꼭 필요합니다.

사회자 　김개인 　이사회

안녕하십니까. 오늘 '인구 위기 토론반'에서는 '아이들이 사라지는 나라, 개인의 책임일까?'를 주제로 이야기를 나누어 보려 합니다. 저출산과 고령화, 1인 가구의 영향으로 우리나라 어린이 인구비가 매년 사상 최저 행진을 이어가고 있다고 합니다. 5월 5일인 어린이날에도, 예전보다 주변에서 아이들을 찾아보기 힘들어졌죠. '초저출산(합계출산율 1.3명 이하)'의 영향으로 어린이집, 소아과, 산부인과 등이 점점 줄고 있습니다. 출산, 교육 등 어린이와 관련된 산업도 축소되고 있고요. 어른들은 왜 아이를 낳지 않을까요? 출생률이 매년 역대 최저 수치를 갈아 치우는 것은 누구의 책임일까요? 오늘 참석해 주신 김개인 씨와 이사회 씨의 토론을 들어 보겠습니다.

인간은 사회적인 동물이어서 주변 환경의 영향을 받습니다. 전통적인 가족 개념이 무너지면서 결혼을 반드시 해야 하는 것으로 인식하는 미혼남녀의 비율이 점점 줄어들고 있습니다. TV와 유튜브 등에는 혼밥과 나 홀로 여행을 장려하는 프로그램이 넘쳐납니다. 혼자 살아도 외롭지 않은 젊은 세대에게 결혼과 출산은 세트도, 필수도 아닙니다. 결혼과 출산 당사자의 생각이 이런데 출산율이 높아지지 않는 것은 당연합니다.

개인의 생각이 그렇게 바뀐 이유를 알아야 합니다. 정말 아이를 낳고 싶지 않아서 낳지 않는 것일까요? 낳고 싶어도 낳지 못하는 사람이 늘고 있는 것이 가장 큰 원인이라고 생각합니다. 예전에는 대가족 안에 아이를 대신 돌봐 줄 사람이 많았습니다. 동네에도 아이를 믿고 맡길 이웃이 있었지요. 그런데 핵가족화와 도시화로 도움받을 곳이 없어지면서 육아는 온전히 부모의 몫이 되었습니다. 도와줄 사람이 없는데 직장까지 다니면서 아이를 키우는 건 너무 버거운 일입니다. 아이를 낳고 키우는 것은 아빠와 엄마, 가족의 문제지만 결국 사회 전체의 문제입니다. 아이를 낳고 키울 수 있는 사회적 환경부터 만들어야 합니다.

환경이 좋아지면 정말로 아이를 낳을까요? 이제 비혼은 거스를 수 없는 시대적인 흐름이 되었습니다. 2023년 통계청에 따르면 30대 초반 남녀의 미혼 비율이 절반을 넘겼고, 전체 청년층(19~34세)의 미혼 비중은 처음으로 80%를 넘었습니다. 더는 결혼이 인생의 필수 코스가 아닌 것입니다. 저마다 다른 이유로 혼자 사는 삶을 선택하고 있습니다. 이런 상황에서는 환경이 아무리 좋아져도 결혼을 하고 아이를 낳겠다고 마음을 바꾸기란 어렵습니다.

왜 결혼을 꺼리게 되는지 그 근본 원인을 살펴봐야 한다고 생각합니다. 일과 육아를 병행하기가 어려워서 그런 것은 아닐까요? 여성은 결혼 후 직장 생활을 계속하려면 여전히 많은 것을 포기해야 합니다. 미국이나 유럽에서도 출산은 여성의 소득, 경력 등에 부담이 되기 때문에 출산을 미루고 경력을 더 쌓으려고 합니다. 그렇게 소득을 높여서 출산 이후의 부담을 줄이려는 것이지요. 하지만 한국에서는 여성이 출산을 미루고 교육 수준을 높이거나 경력을 쌓아도 출산과 양육의 부담을 줄이는 데 큰 도움이 되지 못합니다. 법적으로 출산휴가와 육아휴직 등 복지제도가 마련돼 있음에도 회사에 요구할 수 없어 퇴사를 결정하는 여성도 여전히 많습니다.

정책이나 전반적인 여건 문제도 있지만 점점 더 높아지는 양육, 교육비 부담도 무시할 수 없습니다. 개인, 혹은 부부가 벌어들이는 돈은 한정되어 있는데 아이에게 돈이 너무 많이 들어가면 생활이 팍팍해질 수밖에 없지요. 그러니 결혼을 했어도 의도적으로 자녀를 두지 않는 맞벌이 부부인 '딩크족'도 늘고 있습니다. 이들은 둘만의 생활을 즐기면서 좀 더 풍족하게 살겠다는 가치관을 가지고 있습니다.

그러니까 제도적으로 지원을 해주면 저출산의 분위기가 조금이라도 완화될 수 있는 것 아닐까요? 우리 사회는 육아휴직에 부정적인 기업이 많습니다. 법에 보장된 당연한 권리인 육아휴직을 마음 놓고 쓰기 어려운 것이 현실입니다. 출산휴가, 육아휴직과 같은 제도가 있더라도 눈치 주기, 불이익 주기, 공감대 부족 등의 직장 문화가 이를 제대로 쓰지 못하게 하는 것이지요. 자녀 양육에 엄마, 아빠의 구분이 없고, 남의 눈치 안 보고 아이를 키울 수 있는 사회적 분위기 조성과 함께 관련법 제정이 절실히 필요합니다.

네, 긴 시간 함께해 주신 두 분께 감사드립니다. 이제 마칠 시간이 되었는데, 두 분 마무리 발언 해주시죠.

전통적인 가족의 의미가 사라지면서 사람들은 이제 개인의 경제적 자립과 자아실현을 그 어떤 가치보다 우선시하게 되었습니다. 자신이 원하는 삶을 살아가기 위해 결혼과 출산은 더 이상 필수 조건이 아니게 된 것이지요. 더욱이 결혼과 출산에 동반되는 높은 비용과 개인의 희생은 고스란히 부담으로 작용합니다. 사람들의 이러한 인식이 바뀌지 않는 이상 저출산 문제는 해결하기 어렵습니다.

출산과 육아를 지원하는 사회적 제도를 적극적으로 마련하고 권리를 보장해 줘야 합니다. 물론 법적으로 임신 휴가, 육아휴직 제도 등이 마련되어 있지만 직업과 직장 환경에 따라 사용하기 어려운 경우가 많습니다. 육아 지원책도 부족하기 때문에 이러한 부담을 고스란히 떠안은 부모는 결국 회사를 떠나 경력 단절을 선택하게 됩니다. 법 개정과 함께 제도 사용을 가로막는 기업을 감시하는 등 사회적 환경을 조성해 줘야 합니다.

1. 책의 내용을 보며 다음 빈칸을 채워 보자.

- (   )은/는 정해진 교육 과정을 이수하거나 특정 교육 기관에 다닐 수 있는 나이에 해당하는 아동과 청소년의 총인원수를 말한다.

- (   )은/는 결혼하지 않음을 뜻한다. 결혼은 선택이며 자신은 하지 않는 것을 선택하겠다는 의지를 담고 있다.

- (   )은/는 근로자가 만 8세 이하 혹은 초등학교 2학년 이하의 자녀를 양육하기 위해 최대 1년 동안 휴직할 수 있는 제도이다.

- (   )은/는 학교 졸업 후, 또는 이전 직장을 그만둔 후 새 직장에 취업할 때까지 생기는 공백을 뜻한다.

2. 토론 내용을 보고 찬성과 반대 입장의 주장과 그 근거를 간단히
   정리해 보자.

- 아이들이 사라지는 나라, 개인의 책임일까?

- 찬성

- 반대

3. 아이들이 사라지는 나라, 누구의 책임인지에 대한 나의 생각을
정리해 보자.

- 나는 아이들이 사라지는 나라, 누구의 책임인지에 대해

  _____

  라고 생각한다.
  왜냐하면

  _____

  _____

  _____

  _____

  _____

  _____

  _____

인구가 줄면 정말 위험할까?

초판 1쇄 발행 2024년 8월 8일
초판 2쇄 발행 2024년 10월 10일

지은이 승지홍 **펴낸이** 김종길
펴낸 곳 글담출판사 **브랜드** 글담출판

기획편집 이경숙·김보라 **영업** 성홍진
디자인 손소정 **마케팅** 김지수 **관리** 이현정

출판등록 1998년 12월 30일 제2013-000314호
주소 (04029) 서울시 마포구 월드컵로8길 41 (서교동 483-9)
전화 (02) 998-7030 **팩스** (02) 998-7924
블로그 blog.naver.com/geuldam4u **이메일** to_geuldam@geuldam.com

ISBN 979-11-91309-69-0 (04300)
       979-11-91309-65-2 (세트)

만든 사람들 ─────────
책임편집 이경숙 **디자인** 손소정 **교정교열** 신혜진

글담출판에서는 참신한 발상, 따뜻한 시선을 가진 원고를 기다리고 있습니다.
원고는 글담출판 블로그와 이메일을 이용해 보내주세요.
여러분의 소중한 경험과 지식을 나누세요.